성견 스님의

흔들림 속에 고요함이 있다

KB191411

흔들림 속에
고요함이 있다

초판 1쇄 인쇄일 2016년 8월 15일
초판 1쇄 발행일 2016년 9월 01일

지은이 성   견
펴낸이 김 민 철
펴낸곳 문 원 북
디자인 황 지 영

등록번호 제 4-197호
등록일자 1992년 12월 5일
주   소 서울시 마포구 토정로 222 한국출판콘텐츠센터 422
대표전화 02-2634-9846 **팩스** 02-2365-9846
이 메 일 wellpine@hanmail.net
홈페이지 http://cafe.daum.net/samjai
ISBN 978-89-7461-283-2

이 도서의 국립중앙도서관 출판사도서목록(CIP)은 서지정보유통지원 시스템 홈페이지
(http://seoji.nl.go.kr)와 국가자료공동목록시스템(http://www.nl.go.kr/kolisnet)
에서 이용하실 수 있습니다. (CIP제어번호 : CIP2016018497)

*파손된 책은 구입처에서 교환해 드립니다.

성견 스님의
흔들림 속에 고요함이 있다

성 견 지음 | 박유순 그림

문원북
BOOK

머리말

    불교는 자기 부정을 통해 진리를 찾고자 하는 종교입니다. 사대(地水 火風)로 이루어진 몸과 현재 '나'라고 생각하는 에고를 부정함으로서 진정한 '나'가 어떻게 생겼는지, 내가 어떻게 존재하는지를 알고자 하는 것이 불교의 목적입니다. 세존께서는 이것을 가르쳐주기 위해 이 세상에 오셨고, 불교가 목적하는 바도 이 '나'의 존재를 여실히 알기 위함입니다.

    '나'의 존재를 여실히 아는 것을 우리는 깨달음이라고 부릅니다. 그리고 그것을 알기위해 노력하는 것을 수행이라고 부릅니다. 하지만 사람들은 그런 과정들을 너무 어려워하며 '깨달음'은 아주 먼 신비의 세계나 우리가 감히 이루지 못할 신의 영역인 것처럼 취급하는 경향이 있습니다. 어쩌면 '깨달음'이라는 것이 선사들이나 특정한 세력들이 기득권을 유지하기 위한 한 방편으로 내려왔기 때문에 대중들이 감히 범접할 수 없는 범위로 취급되어 왔는지도 모릅니다.

    하지만 깨달음은 단지 우리의 고정관념을 바꾸는 행위일 뿐, 그 이상도 그 이하도 아닙니다. '나'라고 알고 믿어왔던 '나'를 버리고 '새로운 나'를 찾는 과정일 뿐입니다. 다르게 말하면 '나'라고 알고 믿어왔던 가짜의 나를 버리고 '진짜의 나'(참나, 본래면목)을 찾는 과정이며, 찾고

나면 그렇게 사는 것이 불교의 목적입니다. 수행이라는 것도 결국 허구인 '가짜의 나'를 알아채고 '진짜의 나'를 찾고자 노력하는 전 과정을 말한다고 해도 과언이 아닙니다. '진짜의 나'를 찾는 과정을 라즈니쉬는 우화를 통해 이렇게 들려줍니다.

　　새끼를 잉태한 어떤 암사자가 한쪽 언덕에서 다른 언덕으로 건너뛰다가 그만 새끼를 낳고 말았습니다. 그런데 그 언덕 밑에는 마침 양떼들이 있었는데 그 사자 새끼는 그 양떼 속으로 떨어진 것입니다. 이 어린사자 새끼는 양에 의해서 길러졌습니다. 그는 한 마리 사자였지만 모든 양처럼 채식을 했고 양들과 더불어 놀았습니다.
　　어느 날 어떤 늙은 사자가 이 양떼들이 놀고 있는 틈에서 젊고 튼튼한 젊은 사자를 발견했습니다. 그 늙은 사자는 자신의 눈을 의심했습니다.
　　"아니, 어떻게 저런 일이……?"
　　늙은 사자는 그 젊은 사자에게 다가 갔습니다. 그러자 그 젊은 사자는 양과 함께 그 늙은 사자를 피해 달아나기 시작했습니다. 늙은 사자는 그 젊은 사자에게 소리쳤습니다.
　　"서라! 할 말이 있다."
　　하지만 젊은 사자는 자신이 양인 것 외에 누구라도 생각하지 않았기 때문에 자기를 쫓는 그 늙은 사자가 위험스럽게 느껴졌습니다. 그래서 그는 양들과 도망치는 데까지 멀리 도망쳤습니다. 그러나 이 늙은 사자는 그를 꼭 잡아서 그를 깨우쳐 주어야 한다는 일념으로 그 젊은 사자를 쫓기 시작했습니다. 그리고 마침내 젊은 사자를 붙잡고 말했습니다.
　　"그대는 사자라는 것을 모르는가?"

젊은 사자는 두려움에 떨기 시작했습니다.

"저를 제발 놓아주세요. 제 가족들이 가고 있어요. 그들이 가버리면 저는 길을 잃고 말 것예요. 저는 사랑하는 여자 친구도 있어요. 제발 저를 놓아주세요."

젊은 사자는 늙은 사자에게 애원하며 빌었습니다.

"이런 바보 같은 녀석!"

화가 난 늙은 사자는 그 젊은 사자를 끌고 강가로 갔습니다..

"강물에 비친 그대 얼굴을 보라! 그리고 그대의 얼굴과 나의 얼굴을 비교해 보라."

젊은 사자는 강물 속에 비친 자기의 얼굴과 늙은 사자의 얼굴을 번갈이 보았습니다. 그리고 양들과 다른 자기의 얼굴을 깨달았습니다. 그러자 그는 돌연 사자후가 터져 나왔습니다.

이 젊은 사자가 자기가 사자인 줄을 모르고 양으로 착각하며 살아온 것처럼 우리는 수 억 년 동안 사대(地水火風)로 이루어진 몸과 현재 '나'라고 생각하는 에고를 '나'라고 믿고 살아왔습니다. 가짜의 나를 진짜라고 믿고 살아왔습니다. '참나'는 엄연히 존재하는데 우리는 그것을 알지 못하고 가짜의 나를 '나'라고 알고 살아왔습니다.

'가짜의 나'를 알고 '참나'를 찾는 것이 바로 깨달음입니다. 깨달음이란 말 그대로 현재의 내가 가짜라는 사실을 깨우치는 것을 말함입니다.

가짜의 나를 알았다면 우리는 이제 '진정한 나'를 찾아야 합니다. 우리의 본래면목(本來面目)을 알아야 합니다. 그리고 '가짜 나'의 삶이 아닌 본래면목의 삶, 참자아의 삶, 주인공의 삶으로 살아가야 합니다.

양들의 삶이 아닌 사자의 삶으로 사자후를 터트리며 살아야 합니다.
이것이 불교의 핵심이자 처음과 끝입니다. 그 이상 아무것도 없습니다.
조사들은 말합니다. 가짜의 나에 속지 말고 진짜의 나를 찾으라고……
이 책에서도 '나'라고 여겨왔던 고정관념을 허물고자 반복해서 여러 갈
래의 이야기를 들려주었을 뿐입니다.

사람들은 불교가 어렵다고들 합니다. 경전 하나 제대로 읽기 어렵고,
주문처럼 늘 상 외우고 다니는 반야심경의 뜻도 이해하기 힘들다고 합
니다. 이분법으로 나눈 다른 종교들처럼 조금 단순하면 좋을 텐데, 불교
의 진리는 여러 갈래로 설명되어있어 그 내용을 이해하기가 불교를 처
음 접한 사람들에게는 다소 어려운 면이 있는 것이 사실입니다. 그래서
불교의 진리를 어떻게 하면 조금 더 쉬우면서, 감성적으로 접근할 수가
없을까, 고민하다가 우리들이 많이 알고 있는 시와 세상 돌아가는 이야
기를 섞어 이 책을 꾸며보기에 이르렀습니다.
그렇지만 기본적으로 불교가 이야기하는 진리에는 벗어나지 말자는
것이 근본 취지였기 때문에 다소 어려움이 있을지도 모르겠습니다. 하
지만 이야기하는 것은 단 하나입니다. '나'를 알자는 것입니다. '나' 하
나만 제대로 알고 나면, 그 어렵다는 경전이나, 선문답의 조사들의 말
조차도 하나로 모두 꿰뚫어지는 데, 그것이 불교입니다. 그러기 위해서
는 우리가 가지고 있는 고정관념을 완전히 바꾸어야 합니다. 그 고정관
념을 바꾸고자 의도한 것이 이 책의 처음과 끝이라고 해도 과언이 아닙
니다.

차례

제1장   흔들림 속에 고요함이 있다

제2장   달빛 속에 대나무 그림자는 자취가 없다

제3장 화폭위의 그림은 진한 색깔이 있다

제4장   강을 건너기 위해서는 뗏목이 필요하다

제 1 장

흔들림 속에
고요함이 있다

산에는
꽃이 피고 물이 흐른다

수류개화(水流開花)라는 말이 있습니다. 깊은 산속에 물이 흐르고, 꽃이 핀다는 말입니다. 아무도 보아 주는 사람 없는 깊은 산중에 화사하게 피어 있는 꽃은 왠지 외로워 보일 것 같다는 느낌이듭니다. 하지만 그것은 나의 생각일 뿐, 깊은 산속에 피어 있는 꽃은 누구를 위해 꽃을 피우지 않습니다. 산속에서 그냥 자기 일을 하고 있을 뿐입니다. 무심히 피었지만 벌들에게는 꿀을 주고, 보는 사람들에게는 즐거움을 줍니다. 무엇을 하고자 목적을 가지고 그런 것은 아닌데 다른 생명들에게 영향을 주고 있는 것입니다.

물도 마찬가지입니다. 누구를 위해 흘러가지 않습니다. 그냥 흘러갈 뿐입니다. 물은 높은 곳에서 낮은 곳으로 흘러 갈 뿐이고, 그러면서 많은 생물들에게 생명을 나누어주고 흘러갑니다.

나무들에게는 물을 주고, 물고기들에게는 쉼터와 먹거리를 제공합니다.

사람도 그런 사람들이 있습니다. 묵묵히 자기 할일을 하는 사람입니다. 소리 없이 누구 눈에도 띄지 않지만 남에게 도움을 주는 사람들이 있습니다. 무심하지만 결코 무심하지 않는 사람이 바로 그런 사람입니다.

옛날에 어느 마을에 한 처녀가 임신을 했습니다. 같은 마을에 살고 있는 사내와의 관계에서 맺어진 것이었습니다. 처녀는 결국 부모님께 임신한 사실이 알려지고, 심한 꾸지람을 듣게 되었습니다.

"도대체 너를 이 지경으로 만든 녀석이 누구냐? 가만히 있지 않을 테다. 어느 녀석이야! 말해!"

처녀는 말을 할 수가 없었습니다. 만약 말을 했다가 온 동네가 난리가 날것이 뻔했기 때문입니다. 그리고 자기가 좋아하는 사내가 동네에서 쫓겨 나가는 것이 무엇보다 싫었습니다. 무서워서 덜덜 떨다가 문득 생각나는 사람이 있었습니다. 마을과 조금 떨어진 뒷산 절에서 살고 있는 덕 높은 스님이었습니다.

"사실은 뒷산 절에 사는 스님이……."

처녀는 그 순간을 모면하기 위해 거짓말을 했습니다. 그 말에 부모님들은 깜짝 놀랐습니다."

"뭐? 뒷산의 스님이?"

이 소문은 금방 동네에 퍼졌고, 사람들은 스님에게 쫓아가 난리를 쳤습니다.

"스님이 사람의 탈을 쓰고, 어떻게 이럴 수가 있습니까?"

"무슨 일이 있는가?"

스님은 점잖게 말을 했습니다. 사람들은 흥분을 하면서 이야기를 해 나갔습니다. 대충 사람들의 이야기를 듣고 난 스님은 사태를 파악했습니다.

"아, 그런가? 처녀가 임신을 했는가?"

스님은 담담하게 남의 일 이야기 하듯 말을 했습니다. 사람들은 그런 뻔뻔한 스님의 태도에 욕설까지 해 대며 손가락질을 했습니다. 하지만 스님은 미동도 하지 않고 그저 담담하게 '그런가?' 할 뿐이었습니다.

그 후로도 사람들은 스님이 마을을 지나갈 때마다 침을 뱉고 욕설을 해 댔지만 여전히 변함없었습니다.

몇 달이 흘러 임신한 처녀가 이윽고 아이를 낳았습니다. 그 부모들은 아이를 스님한테 데려다 주며 말했습니다.

"이 아이는 당신 아이니까 당신이 책임지시오?"

그러자 스님은 이번에도

"그런가?"

하며 아이를 받았습니다.

스님은 아이를 이 마을 저 마을로 돌아다니며 젖동냥을 하며 정성껏 키웠습니다. 그런 모습을 바라보던 처녀는 양심의 가책을 받았습니다. 스님한테 더할 나위 없이 미안하여 견딜 수가 없었습니다.

'차라리 내가 맞아 죽는 한이 있더라도 이야기를 하자'

그래서 처녀는 부모님한테 사실을 털어놓았습니다. 그 소식을 들은 부모님들은 놀라기도 하고 스님께 미안했습니다. 결국 사내와 결혼을 시키기로 하고 아이를 찾아 와야겠다고 생각했습니다. 그래서 부모님들과 그동안 스님께 욕설을 한 동네사람들은 스님을 찾아가 사과를 하고 아이를 돌려달라고 했습니다.

이에 스님은 별 말없이 "그런가?" 하며 아이를 처녀에게 넘겨주었습니다.

어느 선사의 이야기입니다만 선사의 '그런가?' 하는 마음은 무심의 극치를 보여주는 마음입니다. '무심'은 언뜻 듣기에 아무런 감정도 없는 무관심 상태를 말하는 것으로 생각되어 집니다. 마치 돌이나 나무들처럼 어떤 상황이 와도 변함이 없는 무생물의 그런 상태를 말한 것으로 느껴지지만 무심은 그런 게 아닙니다. 오히려 그와는 정 반대입니다. 무관심은 세상의 아픔이나 어두운 모습을 보아도 관심을 보이지 않은 소극적인 자세이지만, 무심은 내면의 흔들림 없는, 어떤 상황에도 묵묵히 자기 일을 해

나가는 적극적인 모습입니다. 마치 깊은 산속에 핀 꽃이나 물처럼 자기 할 일을 하고 있지만 남에게 이로움을 주고 있는 것이 무심입니다. 그런 무심은 우주의 본질이며 나의 본질이기도 합니다.

무심은 도(道)입니다.

어느 날 한 스님이 마조 선사에게 물었습니다.
"무엇이 부처입니까?"
"마음이 부처다."
"그러면 도는 무엇입니까?"
"무심이 바로 도(無心是道)다."
그러자 그 스님이 다시 물었습니다.
"부처와 도는 얼마나 떨어져 있습니까?"
"부처는 펼친 손, 도는 주먹일세."

국화가
던져준 진리

가을하늘의 아침 공기가 참 신선합니다. 그 신선함에 취해 끌리듯 마당으로 나와 다시 한번 감탄사를 토합니다. 마당 한쪽 끝에 한 무더기 피어 있는 국화 때문입니다. 탐스럽게 피어 있는 국화는 언제 보아도 그윽하고 청초합니다. 더구나 아침이슬을 머금고 노랗게 핀 국화는 맑은 가을하늘과 함께 신선함을 더해 줍니다. 그런 국화를 한동안 보고 있노라면 나도 모르게 고등학교 때 배운 서정주님의 '국화 옆에서'를 중얼거려 봅니다.

한 송이 국화꽃을 피우기 위해
봄부터 소쩍새는
그렇게 울어나 보다.
한 송이의 국화꽃을 피우기 위해

천둥은 먹구름 속에서
또 그렇게 울어나 보다.

그립고 아쉬움에 가슴 조이던
머언 먼 젊음의 뒤안길에서
인제는 돌아와 거울 앞에 선
내 누님 같이 생긴 꽃이여

노오란 내 꽃잎이 피려고
간밤에 무서리가 저리 내리고
내게는 잠도 오지 않았나 보다.

언제나 외워도 그때마다 새로운 맛을 더해 주는 시입니다. 이 시를 외고 있노라면 고등학교 때 국어 선생님이 생각납니다. 그때 우리 국어 선생님께서 이 시를 설명하면서 연기(緣起)와 윤회를 설명했던 것이 어렴풋이 생각납니다. 그때는 연기나 윤회의 의미도 잘 모른 채, 그저 시험에 나온다고 하니 무조건 줄치고 외었던 기억이 있습니다.

그러나 불교를 알면서부터 가끔 이 시를 가르쳤던 우리 국어 선생님께서는 그 연기라는 것을 알고 가르치셨을까' 하는 의문이 듭니다. 지금 생각해보면 이 '연기(緣起)라는 단어가 단 한 시간 시를 배우면서 알 수 있을 만큼 쉬운 의미가 아닌데 우리에게 어떻게 설명 했을까, 하는 궁금증도 생깁니다. 왜냐하면 연기라는 사전적 의미는 알고 있어도, 연기의 깊은 세계를 안다는 것은 보통 어려운 것이 아니기 때문입니다. 왠 만한 불교 신자라고 해도 연기의 흐름을 보고, 연기의 깊은 뜻을 아는 사람은 참 드뭅니다.

제가 불교를 알고, 연기의 깊은 의미를 알면서부터 이 '국화 옆에서' 시는 저의 애송시가 되었습니다. 그 의미를 생각하면 할수록 시가 품고 있는 사상이 참 기가 막히게 아름답고 철학적이라는 생각이 들기 때문입니다.

한 송이 국화꽃을 피우기 위해 봄부터 소쩍새가 그렇게 울고, 한 송이 국화꽃을 피우기 위해 천둥은 먹구름 속에서 그렇게 울었다는…….

하지만 한 송이 국화꽃을 피우기 위해 소쩍새와 천둥만 울었겠습니까? 햇빛이 울고, 공기가 울고, 흙이 울고……. 가만히 생각해보면 한 송이 국화꽃을 피우기 위해서는 아마 이 우주 법계가 울었을 것 같습니다. 그야말로 우주의 모든 법이 그 국화꽃 한 송이에 다 들어가 있습니다. 국화꽃만이 아닙니다. 우리가 볼 때 저 아무렇게나 피워있는 저 작은 들꽃에도, 우리가 먹는 밥

한 톨에도, 우리의 몸에도…, 그 우주의 법계가 들어 있습니다. 법성게에서 나오는 일미진중 함시방(一微塵中 含十方)입니다. 한 티끌 속에 온 우주가 다 들어 있는 것입니다.

그렇게 생각하면 참으로 함부로 할 수 없는 것이 우주의 생명들입니다. 자연계는 모두 서로 얽혀져 있기 때문입니다. 우주 생명체 어느 한 가지라도 혼자 존재하는 것은 아무것도 없습니다. 인연 따라 얽혀져 대해처럼 흘러가고 있을 뿐입니다. 따라서 우리가 알고 있는 국화는 국화가 아닙니다. 우주입니다. 당신도 그렇고, 나도 그렇습니다. 우주입니다.

그런데 우리는 보이는 '나'를 고집합니다. '나'와 '너'를 분별합니다. 그래서 고통스럽습니다. 본질은 너와 나가 하나인데 중생들은 너와 나를 분별하여 비교하고 경쟁하고 어떻게 하든 '너'를 딛고 일어서려 합니다. 그래서 평화를 모르며 즐거움을 모르고 살아갑니다.

'너' 없이 '나'는 존재 할 수 없으며, '나' 없이 '너'는 존재 할 수 없습니다. 이것이 있기에 저것이 존재하고, 이것이 없으면 저것도 없습니다. 이것이 생기면 저것이 생기고, 이것이 소멸하면 저것이 소멸합니다. 이것이 부처님이 깨달으신 연기법입니다. 모든 본질은 연기로 이루어졌습니다. 이 연기법은 결국 모든 물체가 자기 자신만의 실체가 없음을 말해주는 것입니다. 무아(無我)인 것입니다.

우리는 모든 문제에 있어서 늘 '나' 존재를 우선합니다. '나'가 없는 세상은 생각할 수가 없습니다. 하지만 '나'를 찾아보면 '나'의 실체는 없습니다. 이름이 '나'일까요? 직업이 '나'일까요? 그 것은 아닙니다. 이름이나 직업은 바뀔 수가 있는 껍데기에 불 과한 표현입니다. 그러면 내 몸이 '나'일까요? 그것 역시 아닙 니다. 정신없는 몸뚱아리만 가지고 나라고 하기에는 그것은 죽 은 시체와 같기에 '나'라고 말 할 수가 없습니다. 그러면 정신이 '나'일까요? 몸뚱아리 없는 정신은……? 귀신이나 마찬 가지입 니다. 그러면 몸과 정신을 가진 것을 온전히 '나'라고 말 할 수 있을까요? 몸과 정신을 가진 것이 '나'라면 이름이나 직업처럼 바뀌는 껍데기가 아니라, 바뀌지 않은 실체가 있어야 합니다.

하지만 몸과 정신이 있는 '나'도 매순간 바뀌고 있습니다. 어 제의 내 몸의 세포와 오늘의 내 몸의 세포가 다릅니다. 어릴 때 의 나와 지금의 나와 미래의 나는 생각도 다르고, 몸도 다릅니 다. 그것은 마치 밤에 멀리서 거리의 자동차의 불빛을 보면 한줄 로 그어진 불빛 같지만, 가까이 가보면 각기의 자동차가 비취는 불빛을 보는 것과 마찬가지입니다.

그러면 도대체 '나'는 누구입니까? 도대체 나의 정체는 무엇 입니까? 나를 알아야 지금 '나'라고 착각하고 있는 이 놈을 뿌리 뽑을 것이 아닙니까? 그러나 아무리 찾아보아도 '나'는 찾을 길 이 없을 것입니다. 사실은 바로 '나'가 없기 때문입니다. 무아(無

我)이기 때문입니다.

'나'의 실체가 없습니다. '나'라고 착각하고 사는 것은 순간순간 끊어진 몸과 마음이 멀리서보면 자동차 불빛처럼 이어진 것처럼 보이기 때문일 것입니다. 이 순간순간 끊어진 몸과 마음을 불교에서는 공(空)이라고 부릅니다. 오온을 들여다보면 다 그렇습니다. 좀 더 확대해보면 우주가 다 공(空)입니다. 연기이기 때문에 공(空)인 것입니다. 따라서 이 공은 아예 '없다'라는 말과는 조금 틀리는 말입니다.

오늘 아침 핀 국화는 우리 눈에는 국화라는 꽃으로 보이지만 그 실체를 찾아보면 여러 요소가 연기에 의해 한데 뭉친 하나의 결정체라는 것을 알 수가 있습니다. 국화만이 아니라 인간을 비롯한 우주 만물이 그렇습니다. 제법이 무아인 것입니다.

이것이 오늘 아침 국화가 던져 준 진리입니다.

계절이 지나가는 하늘에는
가을로 가득 차 있습니다

　윤동주 "별 헤는 밤" 시처럼 '계절이 지나가는 하늘에는 가을로 가득 차 있습니다.' 높다란 하늘과 철새들의 분주한 날갯짓들이 가을을 실감하게 합니다. 그런 가을하늘 속에서 지난봄과 뜨거웠던 지난여름을 생각합니다.

　처음에는 눈꽃 같은 하얀 매화가 피기 시작하더니, 목련이 피고, 벚꽃이 피고, 철쭉이 피기 시작하면서 세상은 온통 꽃 잔치를 벌였던 봄. 그 봄은 열기 가득한 여름으로 이어지고, 어느 새 하늘은 가을로 가득 차 있습니다. 가는 세월 앞에서 어쩔 수 없이 또 세월의 무상함을 느껴야합니다.

　따뜻하고 훈훈한 봄바람처럼 좋고, 행복한 것은 영원히 붙잡아 두고 싶은데 그것들은 반드시 우리 곁을 떠나고, 그것 때문에 우리 인간은 괴롭습니다. 행복함과 젊음에 머물고 싶은데 훈훈

한 봄바람 행복은 잠시라는 사실입니다. 그리고, 지난 여름처럼 뜨겁고 고통스런 순간들도 반드시 지나간다는 사실입니다. 이것이 진실입니다. 영원한 것은 이 세상에 존재하지 않습니다.

결혼식에 가면 신랑 신부가 늘 하는 약속이 있습니다. 주례가 신랑에게 "신랑은 영원히 신부를 사랑하겠는가? 또는 신부는 신랑을 영원히 사랑하겠는가?"물으면 거의 모든 신랑 신부는 "예! 영원히 사랑 하겠습니다"라고 자신있게 말하곤 합니다. 하지만 그 사랑이 영원할 수가 있겠습니까? 물론 그중에는 한평생을 사랑하는 사람도 있겠지만, 그 한 평생 속에 얼마나 많은 미움과 번뇌와 장애가 있겠습니까?

영원한 것은 없습니다. 이것이 우리가 살아가는 물질과 정신의 본질입니다. 이런 것을 생각해 본 적이 있습니까? 지금 현재 살아있는 생물들이 모두가 사라지는데 얼마나 오랜 시간이 걸릴까? 제가 생각하기에 현재 살아 숨 쉬는 생물들이 지구상에서 사라지는 데에는 아마 100년이면 생물들의 99%는 이 세상에 존재하지 않을 것이라고 확신합니다. 이제 막 태어난 아이들이 100살이 넘도록 살아있을지도 모를 극히 소수의 사람들과 100년을 넘게 산다는 거북이와 학 같은 생물들을 빼놓고는 모두 100년이면 모든 생물들이 이 지구상에서 존재 하지 않는다는 사실입니다. 넉넉잡아서 50년이면 지구상 생물들의 반절이 없고, 25년이 지나면 1/4이 없다는 사실입니다 하지만 이것도 인간의 기준으로 볼 때 그렇지, 생명이 짧은 다른 생명들의 기준으로 보면 50년이면 인간과 소수의 동물들을 빼면 거의 새롭게 바뀌있을 것입니다.

100년이면 참 길다고 생각할 수도 있겠지만, 짧다고 생각하면 정말 짧은 시간입니다. 가끔 TV를 보면 시한부 인생을 사는 사람들의 모습이 보일 때가 있습니다. 그리고 다른 사람들은 이 시한부 인생을 사는 사람들에 대해 안타깝고 안쓰러운 시선으로 쳐다보기도 합니다. 하지만 엄밀하게 이야기 하면 인간들 모두가 시한부 인생을 사는 것이 아닌가요? 10년 아니면 20년 조금 더 살뿐이지……

얼마 전 제가 아는 지인 하나가 50대 중반의 나이에 뇌종양으로 세상을 떠났습니다. 그때 부인이 너무나 슬퍼하는 것을 보았습니다. 하지만 어차피 남아서 우는 사람도 갑니다. 단지 먼저 가느냐, 늦게 가느냐의 차이일 뿐. 그럼에도 인간들은 먼저 가는 사람만 가고, 남아 있는 사람은 가지 않는 것처럼 착각하며 생활합니다.

힘들고 몸을 쥐어짜는 듯한 고통도 지나갑니다. 아픈 상처에 염장을 지르는 듯한 고통도 지나갑니다. 누구의 말대로 '이것 또한 지나가리라'입니다.

산다는 것은 흐르는 것이다.

흐르는 것은 바라보는 것이다.

흐르는 것은 듣는 것이다.

흐르는 것은 느끼는 것이다.

흐름이 계곡을 흐르듯

목숨이 흐름되여

우리들의 살을 흐르는 것이다.

우리들의 뼈를 흐르는 것이다.

우리들이 그것을 깨닫는 것이다.

흐름이 계곡을 흐르듯

목숨이 흐름되어

우리들의 살을 노래하는 것이다.

우리들의 뼈를 우는 것이다.

우리들이 그것을 깨닫는 것이다.

그것을 귀 기울여 듣는 것이다.

그것을 눈여겨 바라보는 것이다.

산다는 것은 흐르는 것이다.

물의 흐름을 통해서 생의 의미를 담담하게 관조하고 있고 있는 박재륜 선생님 '천상에 서서'의 시를 보며, 논어에 '자한편'에 있는 구절로 선생님이 냇가에서 말씀하시기를 '지나가는 것은 이와 같은 것이라, 밤낮 없이 멎지 않는다.' 라는 말을 생각해봅니다.

　모든 것은 흐르고, 흐를 뿐입니다. 흐르지 않는 것은 하나도 없습니다. 이것이 우주의 본질입니다. 제행무상을 깨달을 때 마음공부에 입문하는 것이며 불교공부의 시작이라고 볼 수 있습니다. 그래서 흐르는 것에 집착하지 않는 마음이 생길 때 담담하게 인생을 관조 할 수 있습니다. 모든 것은 흐르고, 흐를 뿐입니다.

　그러나 좀 더 더 깊이 들어가면 흐르는 것도 없고 흐르지 않은 것도 없습니다. 일체가 인간이 만든 망상일 뿐입니다. 이 망상임을 깨닫는 것이 자유로움의 시작입니다.

그의 이름을
불러 주기 전에

마당에 꽃들이 활짝 피었습니다. 꽃들은 바라보고 있노라니 그 아름다움과 탄생에 신비로운 생각마저 듭니다. 빨갛고, 노랗고, 순백의 하얀 색색의 모습과 향기가 도대체 어디에서 어떻게 왔을까하는…… 그 근원에 대한 경이에 한바탕 감탄사가 터집니다.

내가 그의 이름을 불러 주기 전에는
그는 다만
하나의 몸짓에 지나지 않았다.

내가 그의 이름을 불러 주었을 때
그는 나에게로 와서
꽃이 되었다.

김춘수 시인은 그 아름다운 꽃들을 '꽃'이라고 불러주기 전에 하나의 '몸짓'이라고 표현하고 있습니다. 그런데 '도대체 그 '몸짓'의 정체가 무엇일까? 무엇 때문에, 왜 그렇게 표현 했을까? 곰곰히 생각해봅니다. 물론 김춘수 시인이 불교적 관점에서 일부러 그런 표현을 했는지는 알 수 없습니다. 하지만 근원이나 본질에 대한 사고가 있었기에 이런 시가 나오지 않았을까, 생각을 해 봅니다.

　제가 그 시를 그냥 불교적 입장으로 해석한다면, 그 '몸짓'의 정체는 언어 이전의 세계를 말함이며, '있는 그대로의 세계'를 표현하고 있다고 봅니다. 이미 고인이 되신 숭산 스님이 만약 이 '몸짓'을 언어로 표현 했다면 아마 '오직 모를 뿐'이라고 말씀 하셨을 것입니다. 이 '오직 모를 뿐'은 '안다' '모른다'를 떠난 언어 이전의 자리입니다. 또한 조주선사에게 '이 몸짓의 정체는 무엇입니까?' 라고 물어 보았다면 '무(無)'라고 답변하셨을 것입니다. 이 '무'는 '있다', '없다'를 떠난 자리입니다. 임제 선사께 물어 보았다면 '할'이라고 고함을 치셨을 것이고, 덕산 스님은 방망이로 30방을, 황벽선사는 나의 뺨을 후려 갈겼을 것입니다. 즉 김춘수 시인의 '몸짓'을 굳이 불교적 용어로 정리하면 여여, 여래, 진여, 본성, 안심입명처, 본래면목, 중도, 부모 미생전의 몸 등으로 표현 할 수 있을 것입니다.

　제과점에 들어가면 맛있는 빵들이 많이 있습니다. 모양도 각각이고 맛도 다릅니다. 하지만 그 빵의 본질은 밀가루입니다. 밀가루 없는 빵을 생각할 수가 없습니다. 우리들의 눈에 보이는 각각의 꽃들도 아름답고 향기도 다르지만 꽃의 본 바탕은 지수화풍(地水火風)입니다. 흙과 물과 햇빛과 공기가 만나 꽃을 이룬 것입니다.

그러나 좀더 더 깊이 들어가면 지수화풍(地水火風)의 본질은 공(空)입니다. 순일한 허공성이 본질입니다. 따라서 이 모든 우주의 본질은 공(空)입니다. 눈에 보이는 것, 듣는 것, 생각하는 것 등등 그 모든 것들이 즉 오온(伍蘊)이 공(空) 입니다. 색즉시공(色卽是空)입니다. 그렇지만 이 공에서 그 모든 것이 나왔기에 공즉시색(空卽是色)이라고도 합니다. 오온이 공하므로, 공은 다시 오온이 된 것입니다. 결국 처음부터 둘이 아닙니다. 따라서 이 둘이 아닌 세계는 처처가 불성이며 처처가 부처님입니다. 어느 것 하나 부처 아닌 것이 없습니다. 진정한 평등의 세계입니다. 밀가루로 만든 빵들의 본 바탕이 밀가루이듯이 이 세상 물질의 세계의 본 바탕은 공(空)입니다.

우리 눈앞에 펼쳐진 저 세계들이 사실은 허깨비 같은 공(空)인 것입니다. 아름다운 여인의 모습도 전자 현미경으로 보면 공(空)이고, 아름다운 경치도 공(空)이고 나를 힘들게 하는 사람들도 공(空)입니다. 잘 생겼던, 못 생겼던, 지위가 높던, 낮던 똑 같은 공입니다. 저 하얗고 순결한 백합도 아무것도 없는 공(空)입니다. 결국 모든 꽃들은 꽃이 아니라 그 이름이 꽃입니다. 그런데 그렇게 없는 것들을 내 마음만이 예쁘다고, 좋다고, 사랑한다고 분별하고 있는 것입니다. 분별하면서 괴로워하고 슬퍼하고 죽네 사네 아귀다툼을 벌이고 있는 것입니다.

마조선사가 백장스님과 더불어 들판을 지나가게 되었습니다. 큰 호숫가에서 들오리들이 인기척 소리에 푸두득 날아가는 것을 보던 마조선사가 백장스님께 물으셨습니다.

"저기 날아가는 것이 무엇인가?"

백장스님이 말했습니다.

"들오리 떼 입니다."

"어디에 있는가?"

"산 너머로 날아갔습니다."

마조스님이 그 말이 떨어지게 무섭게 백장스님의 코를 잡고 세게 비틀어 버렸습니다.

"어찌 일찍이 날아갔으리오."

마조선사가 물은 것은 들오리가 아닙니다. 그는 본질에 대해 묻고 있는 것입니다. 본질은 어디로 가는 것도 아니고, 사라지는 것도 아닙니다. 사라지는 것은 현재 우리의 업식에 의해서 보이는 삶들이 사라지는 것입니다. 그것들은 애초에 인연 따라 왔다가 인연이 다 되면 사라지는 것이지만 본질은 처음도 없고 끝도 없는, 흘러가는 시간도 없는 무시무종(無始無終)입니다.

내가 '있다'하면 있고,
내가 '없다'하면 없다

꽃이 진다고 새들아 슬어마라
바람에 흩날리니 꽃의 탓이 아니로다
가는가 희짓은 봄을 새와 무삼 하리오

청산도 절로 절로 녹수도 절로 절로
산 절로 수 절로 산수 간에 나도 절로
그중에 절로 자란 몸이니 늙기도 절로하리

　면앙정 송순의 시조와 명종 시대를 살았던 김인후의 시조입니다. 자연을 벗 삼은 옛날 시조들이 그렇듯 읽으면 읽을수록 편안함을 줍니다. 송순의 시조는 그 속에 어떤 의도를 가지고 쓴 시조라고도 볼 수 있지만 그냥 있는 그대로 읽고 해석하면 흘러가는 자연의 맛을 느낄 수 있습니다. '두어라, 아해야. 쓸어 무삼하리오'라는 말처럼 인생의 담담함을 느껴서 좋습니다.

대부분의 사람들은 인생에 어떤 의미를 부여하고, 삶이란 어떤 목적을 가진 여행이라고 생각하며 살아갑니다. 그것은 어릴 때부터 그렇게 살라하고 교육 받아 왔고, 본인들도 '한번 태어난 인생, 뭔가를 이루면서 살고 싶다'는 의지 때문이라고 생각되어집니다. 그래서 목적을 이룬 사람들도 있고, 목적을 이루지 못하고 꿈만 꾸다가 삶을 마감한 사람들도 있을 것입니다.

특히 불도를 이루겠다고 사랑하는 가족들을 버리고 절이나 산에 들어와 갖은 수행을 하고 있는 수많은 수행자들의 삶속에는 평범한 범부들의 삶보다 비장하고 처절한 면도 없지 않습니다. 그래서 사홍서원을 보면 '중생을 모두 구하겠다, 번뇌를 모두 끊겠다, 법문을 모두 배우겠다, 불도를 이루겠다.'하며 노래를 부릅니다.

하지만 그렇게 인위적으로 사는 삶이나 인위적으로 이루고 싶은 불도라는 것이 과연 있는 것인지, 곰곰이 생각해 볼 일입니다.

선지자들은 수없이 말을 합니다. '마음이 부처'라고…… 그래서 부처를 밖에서 찾지 말고 마음속에서 찾으라고 법문도 하고 경책하기도 합니다. 아니 부처를 찾을 필요도 없이, 이미 자신이 부처이기에 찾는다는 것조차도 어리석은 일이라고 말을 합니다. 부처는 먼 곳에 있는 것이 아니라 내 마음속에 있습니다.

불교에 관심있는 사람이라면 '마음이 부처이다'라는 말은 한두 번쯤 들어보았을 것입니다. 더구나 선 수행을 하는 사람들은 수도 없이 들어 보았을 말입니다.

'마음이 부처'

이 마음 안에 온 우주가 들어 있다는 말입니다. 아무리 맛있는 것도, 아무리 좋은 것도 내 마음이 동하지 않으면 아무 필요가 없습니다. 내 마음이 있고, 내 마음이 움직이기에 사물은 존재하고, 사물이 다가오는 것입니다.

'마음이 부처'

사실 이 사회도 그렇고, 우리의 삶도 그렇고, 더 나아가 우주도 그렇듯, 모두 나의 의식의 장난에 의해서 만들어진 것입니다. 내가 '있다'하면 있고, 내가 '없다'하면 없습니다. 그런데 아직도 수행자들은 이 정답을 찾고자, 온갖 고통을 감내하며 수행에 정진하고 있습니다. 마치 물속에서 물을 찾는 물고기처럼 마음 안에서 부처를 찾지 아니하고 마음 밖에서 부처를 찾고 있는 모습입니다.

혜능 대사가 길을 가다가, 바람에 펄럭이는 깃발을 두고 다투는 승려들과 마주쳤습니다.

"지금 나무에서 펄럭이는 것은 깃발이다."

"아니다. 나무에서 펄럭이는 것은 바람이다."

두 승려는 자기의 주장이 옳다고 한 치의 양보도 없이 서로 우기고 있었습니다. 두 승려는 때마침 마주친 혜능 대사를 보고 물었습니다.

"지금 나무에서 펄럭이는 것은 깃발입니까? 바람입니까?

이에 혜능 대사는 간단하게 말했습니다.

"지금 나무에서 나부끼는 것은 깃발도 아니요, 바람도 아니다. 바로 너희들 마음이다."

가끔 우리는 밤하늘의 별들을 보며, '저 별들에는 무엇이 있을까? 저 별들은 어떻게 생겼을까? 저 별 어딘가는 생명체가 살고 있을까?' 하고 궁금해 합니다. 그리고 갈 수 없는 별에 대해 동경하기도 하고, 우주선이 있다면 한번 가보았으면 좋겠다는 생각을 해봅니다. 하지만 돌이켜 생각해보면 우리가 살고 있는 이 지구도 우주에서 보면 하나의 자그마한 별입니다. 우리는 우주의 한 별에서 살고 있는 데에도 우리가 살고 있는 이 지구는 별이 아니고, 밤하늘에 빛나는 별들만 별이라고 생각하는 착각에서 살아갑니다.

바로 내 마음이 부처인데도 부처는 아주 먼 곳에 도달해야 될 목표라고 생각하며 살아갑니다. 부처는 내 마음이 부처이고, 온 법계가 내 마음 안에 있기에 이 모든 것이 불성입니다. 따라서 어떻게 보면 공부도, 참선도, 수행도 할 필요성도 없습니다. 이 우주의 모든 것이 불성이고 하는 행위 행위가 불성인데 구태여 무엇을 닦고 무엇을 공부하여야 할 만한 것이 없는 것 같습니다. 그냥 맡기고 살면 됩니다. 바닷가에서 수영할 때 바다에 몸을 맡기고 있으면 둥둥 뜨는데 억지로 수영을 하려고 하면 물만 먹습니다.

넓고 큰 곳에서 보면 세상은 절로 되는 것 같습니다. 지난해 눈이 와서 추워서 못살겠다고 난리어도 시간이 흐르면 봄은 오고, 경제가 힘들고 못살겠다고 아우성을 쳐도 자연은 그런 것에 무심하게 또 흘러 흘러갑니다.

물오리의 다리가 짧다고 길게 늘여줄 필요가 없으며, 학의 다리가 길다고 짧게 잘라 줄 필요가 없습니다.

꽃이 진다고 새들아 슬어마라
바람에 흩날리니 꽃의 탓이 아니로다
가는가 희짓은 봄을 새와 무삼 하리오

문밖에 무슨 소리인가?

　우리네 삶이란 이 나(我)로부터 시작입니다. 내가 만약 세상에 존재하지 않는다면 이 세상은 나와는 아무런 상관없는 세계이며, 의미가 없는 세계이며, 존재하지 않는 세계입니다. 아무리 이 우주가 몇 겁을 존재 한들, 내가 존재하지 않는 우주는 무슨 의미가 있으며 무슨 상관이 있겠습니까?

　내가 존재하니까 이 우주도 있고, 내가 존재하니까 세상도 있습니다. 사회도 마찬가지입니다. 내가 있기에 사회가 존재하며, 가정도 직장도 내가 있기에 존재하는 것입니다. 직장에서 그렇게 친하게 잘 지내다가도 직장을 옮긴다던가, 고만두면 사람도 멀어집니다. 그리고 그 직장에 대한 관심도 적어지며, 옛날의 직장은 낯선 곳으로 변하고 맙니다. 직장을 고만두었거나, 직장을 옮겨본 사람은 압니다. 그것은 바로 내가 없기 때문입니다. 내가 있기에 직장이 존재하고 사회가 존재합니다.

하지만 내가 있기 때문에 사회는 존재한다고 해서 '나' 위주로 삶을 산다면 주위 사람들이 피곤합니다. 어린 아이일수록 남보다는 '나'만 생각합니다. 갓난아이는 언제든지 내가 배가 고프면 울고, 배설하고 싶으면 배설합니다. 어머니를 생각해서 울고 싶은 것을 참는다든가, 배설을 참지 않습니다. 그냥 내 뜻대로 하고 삽니다. 그래서 이런 아이를 소아(小兒)라고 말합니다. 따라서 커가면서도 어린아이처럼 자기만 생각하는 사람이 있다면 이런 사람을 소아(小兒)라고 해도 틀린 말은 아닙니다.

사람은 점점 커가면서 나 보다는 남을 생각해서 하고 싶은 것도 참고, 남을 배려하기 위해 나를 양보하기도 합니다. 점점 어른이 되는 것입니다. 하지만 그렇다고 해서 대아(大我), 대인(大人)이라고 말하지 않습니다. 불교의 대아(大我)란 소아(小我)의 상대적인 의미로 있는 것은 아닙니다.

제가 한창 불교를 배울 당시에 어느 스님께 물었습니다.
"불교공부를 하는 이유가 뭘까요?"
"불교공부를 하는 것, 그것은 바로 나 잘났다는 생각을 뽑기 위해서지."

그 스님께서 참으로 간단명료하게 불교공부의 목적을 말씀해

주셨습니다. 이 말은 두고두고 저를 되돌아보게 하고 제가 어떤 경계에 부딪혔을 때 떠올리는 말입니다.

'나 잘났다는 생각을 뽑는 것!'

금강경을 간단하게 단 한마디로 정리한다면 무상(無相)과 무주(無住)입니다. 무상 즉 상(相)이 없기에 차별이 없고, 분별이 없습니다. 차별과 분별이 없기에 아뇩다라 삼약삼보리 즉 무등정각 – 모든 것이 평등, 그 자체입니다. 그러나 사람들이 이 무등정각을 이루지 못하고 괴로움 속에 있는 것은 바로 '나'가 있기 때문입니다. '나'가 잘 났다던가 '나'가 못났다던가 하는 마음을 내며 차별과 분별을 만들고 차별과 분별이 만들어지면, 번뇌가 생기고, 두려움이 생기고, 걱정이 생깁니다. 누구는 행복한데 나는 괴롭습니다. 친구는 좋은 곳에 취직했는데 아직 나는 취직을 못했고, 나는 명품 백 가방을 가지지 못했는데 친구는 명품 백 가방을 가져 괴롭습니다. 누구는 잘 나가는데 나는 여전히 제자리라서 삶이 힘듭니다. 바로 이런 차별과 분별을 만드는 것은 다름 아닌 "나'입니다. '나'가 있어서 세상은 존재하고 '나'가 있어서 우주가 존재한다고 하지만 '나'가 있어서 삶이 괴롭고 '나'가 있어서 인생이 고달프기도 합니다.

그래서 '만일 내가 없다면……?'이라는 가정까지 세워보기도 합니다. 얼마 전 산에 사는 자연인에 대해 소개한 방송을 본적이 있습니다. 그 사람은 친구의 배신으로 인해 사업을 실패하고, 중병을 얻어 산에서 천막을 짓고 혼자 사는 사람이었는데 피디가 그 사람에게 물었습니다.

"이렇게 혼자 살면 무섭거나, 외롭거나 심심하지 않습니까?"

그러자 그가 이렇게 대답했습니다.

"이미 마음을 다 내려놓아서 내가 사라졌는데 무서울 게 뭐고, 외로울 게 뭐고, 심심할 게 뭐 있습니까?'

그 말을 듣는 순간 '아. 이 사람이 도인이구나.' 하는 생각을 했습니다.

'내가 사라져 버린 상태' 그것이 우리 수행자들이 제일 원하는 경지가 아닐까 생각합니다. 대나무 뿌리 보다 더 깊게 뿌리내린 '나' 라는 관념에서 이 '나'를 뽑는 것 – 이것이 불교 공부의 처음이자 마지막입니다. '나'라는 소아를 뽑아버리고 대아(大我)로 나가는 것, 그리고 대아의 삶을 사는 것, 그것이 불법의 최종 종착지입니다.

그런데 사실은 원래부터 '나'가 없습니다. 노력해서 없어지는 '나'가 아니라 원래부터 '나'는 없었던 것입니다. '나'라고 관념 짓고 생각하고 사는 것은 사실은 인연 따라 만들어진 헛깨비의 '나'였던 것입니다. 실체가 없는 환(幻)이었던 것을 수행자들은 오늘도 그렇게 '나'를 뽑아내려고 노력하고 있는 것입니다. 소아(小我)는 환이며 오로지 대아(大我)만이 존재하는 것입니다.

그러면 소아(小我)가 아닌 대아는 무엇인가? 불교의 대아는 참자아, 법신을 말합니다. 천상천하 유아독존(天上天下 唯我獨尊)이라는 말이 있습니다. 이 말은 부처님 오신 날 많이 쓰는 말인데 스님들조차도 이 말에 대해 물으면 잘 대답을 못하는 경우가 있습니다. 물론 이 말에 대한 해석이 구구하기 때문에 그렇겠지만 천상천하 유아독존 즉 '하늘과 땅에서 오로지 나뿐이다'라는 이 말은 육체를 가진 '나'가 '하늘과 땅에서 오로지 나뿐이다'라는 말이 아닙니다. '하늘과 땅에서 오로지 나뿐이다'라는 말은 '참자아' 즉 '대아(大我)'를 가르키는 말입니다. '참 자아' '대아(大我)'는 오로지 하나만 존재합니다. '대아(大我)' 즉 '순일한 허공성'이 존재한다는 것이 좀 말이 어색하지만 이것이 부처님이 말씀하신 천상천하 유아독존(天上天下 唯我獨尊)의 진정한 말뜻입니다. 따라서 천상천하 유아독존(天上天下 唯我獨尊)– 이 말은 우주의 본질을 가르키는 말이며 대아(大我)를 가르키는 말입니다.

대아(大我) 입장에서 육체를 가진 소아(小我)를 보면 소아는 인연따라 그때그때 존재하는 하나의 그림자에 불과합니다. 드라마 연속극과 같이 울고 웃다가 사라지는 작은 존재 즉 환(幻)에 불과합니다. 이 환 같은 존재에 무슨 높낮이가 있고 무슨 차별이 존재하겠습니까? 분별한다는 것 자체가 망상이라는 것입니다.

우리는 이렇게 세월가면 사라지는 소아를 버리고, 대아를 생각하며 본질로 돌아가야 합니다. 대아를 깨닫고 대아의 삶을 사는 사람이라면 다시 말해 소아가 '환(幻)'이라는 사실을 훤히 알아버린 사람이라면 굳이 수행이 필요 없겠지만 오늘도 '나' 잘났다고 살아가는 우리 같은 범부들은 '나'를 뽑아버리기 위해 수행을 해야 합니다. '참 자아' '대아(大我)' 즉 본래로 돌아가려는 것이 불교의 대의이며 수행의 목적입니다.

대아가 된다는 것은 온 우주와 하나가 된다는 의미이며, 어느 누구와도 걸림없는 하나가 되어 편안한 삶을 살 수가 있다는 의미도 됩니다. 오늘 하루도 나 잘났다는 생각을 뽑아버리고 대아로 나아가기 위한 성성적적의 삶을 살아야 할 것입니다.

경청선사가 어떤 중에게 물었습니다.

"문 밖에 무슨 소리인가?"
"빗방울 소리입니다."
"중생이 바뀌어서 '자기'를 잃고 '물건'을 좇는구나."

범부와 도인의 차이입니다. 범부는 눈에 보이는 것만 보이고, 도인은 본질을 보고 살아갑니다. 그래서 범부는 껍데기에 울고 웃고, 도인은 밥 먹고 화장실이나 갑니다.

처음부터
가진 것은 없었다

우리의 생각을 전환시킨다는 것이 참 어렵습니다. 긍정적인 생각을 가지면 좋다고 생각하는데 막상 어떤 사안이 발생 했을 때 긍정적인 생각을 하기가 참 어렵습니다. 예를 들면 자신이 아끼는 어떤 귀중한 물건을 잃어 버렸을 때 '그래, 인연이 거기까지야.'라고 생각을 하며 잃어버린 그 물건에 대해 마음을 편하게 가져보려고 노력하지만 머릿속은 그 물건에 대한 생각이 좀처럼 떠나지 않습니다. 잠시 다른 일로 그 물건에 대한 생각을 잊어 버리지만 조금 지나면 다시 생각이 납니다. '도대체 어디 있지?' '어디에서 잃어버렸지?' 등등 아쉬움이 남습니다.

비단 물건에 관한 것만이 아닙니다. 사람에 관한 것도 마찬가지입니다. 친구나 사랑하는 사람과 말다툼을 하여 돌아오는 길에 그 사람에 대하여 긍정적인 생각을 하며 마음을 편하게 가지려고 해도 그게 잘 되지 않습니다. 설령 내가 잘못했다고 해도 당분간은 그 사람에 대한 원망은 머릿속에서 잘 떠나지 않습니다. '도대체 내가 뭘 잘못 했다는 거야?' '자기가 좀 나를 이해하면 안 되나?'등등 아쉬움이 남습니다. 그리고 생각을 잊어버리고 긍정적인 마음으로 전환해야지 하는데 막상 긍정적인 마음으로 전환하려고 하면 그게 잘 되지 않습니다. 명상을 통해 그 아픈 마음을 바로 보고 생각을 전환 시키려고 해도 그것도 심했을 경우에는 잘 되지 않습니다. 흔히 다른 사람의 일은 '뭐, 그것 가지고 그러냐?'고 가볍게 말을 할지 모르지만 막상 일을 당한 당사자인 경우에는 그 당했던 일들이 쉽게 머릿속에서 지워지지가 않습니다. 마치 껌 딱지처럼 머릿속에 달라붙어 오랫동안 자신을 괴롭히는 경우가 허다합니다.

하지만 우리가 살아가면서 겪는 이런 사소한 고통과 괴로움은 솔직히 아무것도 아닌지 모릅니다. 절대 절명의 고통도 있고, 죽음을 생각할 만큼의 고통도 있으며, 매일매일 사는 것이 고통인 경우도 있기 때문입니다. 이런 상황에서 어떻게 하면 고통에서 벗어날 수가 있을까? 곰곰이 생각해 보지만 그런 큰 고통에서 벗어나는 것은 참으로 어려운 것 같습니다. 고통을 당하는 경우 고통을 풀 수 있는 가장 좋은 방법은 당사자를 만나 당사자가 겪고 있는 문제를 직접 풀어주는 것이 가장 현명하고 좋은 방법일 것입니다. 돈이 필요한 사람에게는 돈을, 사랑이 필요한 사람에게는 사랑을, 아픔이 있는 곳에는 기쁨을, 실패한 곳에 성공을, 취업이 안 된 사람에게는 취업을 시켜주어야 제대로 된 문제 방법이 될 것입니다. 그러나 그것을 해결해 줄 수 없는 상황에서는 고통이 수반될 수밖에 없습니다.

　그래도 조금의 위안이 될 수 있는 말은 어쩌면 원론적인 이야기 인지 모르지만 '우리의 본질을 생각해보자'는 말입니다. 우리의 본질은 '처음부터 우리는 아무것도 가진 것 없이 태어났다'는 사실입니다. 흔히 쓰이는 말로 '공수래 공수거(空手來 空手去)'라는 말을 많이 쓰는데 이 말을 그냥 간과할게 아니라 깊이 생각해보면 참 의미있는 말이기도 하며, 우리에게 위안이 되는 말이기도 합니다. 또한 불교의 핵심을 이루는 말이기도 합니다. 혜능 선사는 본래무일물(本來無一物)이라 하여 '한 물건도 없음'을 강조하기도 하였고, 대승기신론의 진여나 체(體), 선불교에서 말하는 본래면목이라는 것도 처음부터 아무것도 없는 것을 말하는 것입니다.

　우리는 본디 아무것도 가진 것이 없었습니다. 우주 만법이 본래 한 물건도 없습니다. 우리의 몸도 사실은 내 것도 아닙니다. 나라는 것은 진여본체의 다른 모습일 뿐입니다. 그런데 내 것이 아닌 것을 내 것이라고 생각하기 때문에 고통이 시작된 것입니다. 본래 아무것도 없는데 있다고 생각하기 때문에 고통스러운 것입니다.

어제는 어떤 지인한테 자식 때문에 고통스럽다는 말을 들었습니다. 자식이 사춘기가 왔는지 공부도 않고 매일 음악만 듣는다는 것이었습니다. 공부 잘하고 말 잘 듣던 아이가 어떻게 그렇게 변할 수 있는지 너무 고통스럽다고 하였습니다. 아마 대부분의 부모들은 자식들 때문에 몇 번씩은 고통스런 경험을 하였을 것이 분명합니다. 하지만 나도 내가 아닌데 자식이야 두말 할 필요가 없습니다.

모든 것이 인연 따라 왔고, 인연 따라 가는 것입니다. 처음부터 '나'라는 물체도 본디 없었고 너라는 물체도 본디 없었습니다. 내가 욕심을 낸다고 달라지는 것은 하나도 없습니다. 물결치는 바다는 바람에 따라 일렁거리지만 바다 자체는 변함이 하나도 없습니다. 처음부터 움직임도 없었고 처음부터 아무것도 없었기 때문입니다. 모든 것은 본래부터 없는 그 하나에서 나왔고, 일체의 모든 법은 그 하나의 다른 모습일 뿐입니다. 그러니까 손해 볼 것도 없고, 이익 볼 것도 없고, 누구에 의해서 고통당하는 것도 없습니다.

세파에 시달린다는 말이 있습니다. 이 말은 거센 물결에 이리저리 흔들리면서 마치 부표처럼 방향을 잃고 사는 모습을 말합니다. 무엇 때문에 사는지, 삶의 방향이 무엇인지도 모른 채 삶이란 파도가 너무 거세서 이리 흔들리고 저리 흔들리며 사는 것이 우리 중생들의 모습입니다. 그것은 마치 고향을 떠나 낯선 곳에서 목적 없이 방황하는 나그네의 모습과도 같습니다.

우리는 고향을 찾아야 합니다. 고향을 찾아 따뜻한 부모님이 계시고, 친구가 있고, 형제가 기다리는 곳으로 가야합니다. 정신 세계의 고향은 바로 본래면목입니다. 본래 한 물건도 없는 것이 우리의 고향입니다. 처음부터 우리는 아무것도 가진 것이 없었 습니다. 돈도 없었고, 명예도 없었고, 사랑하는 사람도 없었고, 자식도 없었고, 심지어 나도 없었고, 아무것도 가진 것도 없는, 공(空) 그 자체였습니다. 그런데 무엇을 잃고, 무엇 때문에 고통 당해야 하는지 자신에게 분명하게 물어볼 일입니다. 우리는 처 음부터 아무것도 가진 것이 없었습니다.

우리는 이 사실을 분명하게 알아서 힘들고 고통스러울 때 이 처음부터 없는 것을 생각하고 아픔이나 고통을 근본적으로 털어 버리자는 말입니다.

어떤 중이 스님에게 물었다.

"어떤 사람이 불법을 아는 사람입니까?"
"불법을 배운 사람이 불법을 알지?"
"스님은 불법을 아십니까?"
"나는 불법을 모른다."
"어째서 모르십니까?"
"나는 불법을 배운 적이 없다."

처음부터 우리는 아무것도 없었습니다. 돈도 없었고, 명예도 없었고, 심지어 불법도 없었습니다. 없는 것도 없습니다. 그런데 우리는 그 없는 것을 있다고 부득불 우기면서 그 속에서 뭔가를 찾고 있습니다. 어리석게도 물속에서 물을 찾기 위해 우리는 힘든 삶을 영위하고 있는 것입니다.

불법을 배우지 않아도 이미 우리는 부처입니다.

둘이 아니다

　지금 명동을 지나가는 사람과 태평양 어느 섬에 달려 있는 코코넛 열매와 같을 까요? 틀릴 까요? 라고 묻는다면 아마 묻는 사람을 빤히 쳐다 볼 것입니다. 제정신을 가지지 않고서는 이런 질문을 던질 수 없기 때문입니다. 거의 모든 사람들은 당연히 틀리다고 할 것입니다. 하지만 깨우친 선사들에게 묻는다면 그 답변은 달라질 수 있습니다. 그들은 아마 말도 없이 방망이 30방으로 대답할 것입니다. 이 방망이 속에는 같다는 의미가 포함되어 있습니다.

　법성게 첫 구절에 법성원융무이상(法性圓融無二相)이라는 말이 있습니다. 법과 성이 원융하여 상이 두개가 아니라는 말입니다. 법성원융무이상(法性圓融無二相)이라는 이 한 구절을 제대로 이해하고, 이것을 생활속에서 지혜로서 활용한다면 그는 더 이상

공부가 필요 없는 사람입니다. 달마가 동쪽으로 온 이유를 아는 사람입니다.

법이란 오온의 모든 것을 말 합니다. 만법이라는 말이 있듯이 모든 현상계를 나타냅니다. 보고, 듣고 말하고 냄새 맡고, 생각하고 등등 이 세상에 나타나는 모든 것을 말하며, 성(性)이란 근본, 본질을 이야기 하는 것입니다.

눈에 보이는 사물도 그 근본을 보면 대체로 지수화풍(地水火風)으로 형성 되어있으며, 지수화풍(地水火風)으로 사물은 만들어 지기도 합니다. 따라서 모든 사물들은 서로 다른 모습을 하고 있지만 그 근본은 같은 것입니다. 그러기에 너도 없고, 나도 없습니다. 눈에 보이는 세상을 보면 모두 그 근본은 같습니다. 단지 인연 따라 그 모습을 달리 할 뿐입니다. 인연 따라 그때그때 형성되었기에 모든 사물은 자체 성품이 없습니다. 자체 성품이 없기에 공(空)입니다. 근본이 같은 불이(不二)입니다.

세상의 고통의 시작은 남과 비교함에 있습니다. 내가 너 보다 잘 나고, 내가 너보다 못나고, 내가 너보다 높고, 내가 너보다 낮고, 내가 너보다 더 많이 가지고 , 내가 너보다 가진 것 없고, 등등 이런 분별심은 우리를 한없는 고통 속으로 몰아넣습니다. 불교는 이런 분별심의 고통에서 벗어나고자 합니다. 왜냐하면 그 근본이 같기 때문입니다. 공(空)이라는 근본이 같기 때문입니다. 사람들이 고통을 받는 이유는 공이라는 그 근본을 모르기 때문에 고통을 받습니다.

인생도 실재 존재하는 것처럼 느끼지만 죽고 나면 흔적도 없습니다. 단지 살아있는 자의 기억 속에만 존재할 뿐입니다. 그 기억이라는 것은 실재가 아닌 환(幻)입니다. 어제 있었던 일은 지금 존재하고 있지 않습니다. 매일매일 매순간 순간 생겼다 사라지는 포말처럼 삶 자체가 생겼다 사라지는 것입니다. 그러나 삶이 연속적으로 이어지고 있다고 생각하는 것은 마치 기억이라는 잔상이 마치 필림 한 장 한 장이 이어져 생생한 영화를 만들어 내는 것처럼 우리의 삶도 그렇게 느껴지고 있을 뿐입니다.

삶이란 지나가는 꿈일 뿐입니다. 인생은 꿈의 재질로 만들어진 하나의 환영이자 그림자이자 메아리입니다. 그 꿈은 둘이 아니라 모든 것이 같은 동일재질의 꿈일 뿐입니다. 단지 꿈속에 즐거운 꿈이 있고, 슬픈 꿈이 있고, 화난 꿈이 있고, 기쁜 꿈이 있을 뿐 깨어보면 꿈은 다 똑같은 꿈일 뿐입니다.

따라서 꿈 이라는 본질은 불이(不二)지만 꿈속에 성내고, 기쁘고, 슬픈 것은 또 엄연히 존재합니다. 그것은 마치 업에 의해서 인과는 존재하여 차별은 있지만 그 인과라는 것이 꿈속에서 존재하기에 차별이 없는 다 똑 같은 것이라는 것입니다. 대체로 기쁜 생각을 하고 기쁜 마음으로 살면 꿈도 기쁜 꿈을 꾸지만 일상에서 늘 쫓겨 살면 꿈속에서도 늘 쫓기는 꿈을 꾸고 삽니다. 그렇지만 기쁜 꿈이든 나쁜 꿈이든 꿈일 뿐입니다. 불이(不二)입니다.

임제스님이 삼봉에 갔는데 평화상이 물었다.

"어디에서 왔는가?"

"황벽에서 왔습니다."

"황벽스님께서는 어떤 가르침을 설했는고?"

"황금의 소가 어제 밤 용광로 불속으로 들어갔는데 지금까지 그 자취를 볼 수가 없습니다."

그러자 평화상도 말했다.

"가을바람이 옥피리를 부는데 누가 그 노래 소리를 알겠는가?"

"바로 만겁의 관문을 통과해서 맑은 하늘에도 머물지 않은 사람이 있습니다."

평화상이 말했다.

"그대의 질문은 수준이 높구나!"

"용이 황금빛 봉황새끼를 낳으니 푸른 유리 빛 허공을 뚫고 날아간 것입니다."

이에 평화상이 말했다.

"자, 앉아서 차나 한잔 들게나."

진흙소가 물속에 가면 그 형체가 사라지듯 황금소도 용광로에 들어가면 그 자취를 알 수 없습니다. 그리고 본질을 아는 사람은 본질을 아는 사람들끼리 그들은 서로 통하여 가을바람이 옥피리를 부는 소리를 알고 있는 것입니다.

물결은 바람에 출렁이지만
물은 움직임이 없다

옛 사람들은 집안이 흥하기 위해서는 풍수지리 같은 것을 이야기 합니다. 명당자리나 터가 좋아야 자손이 잘되고 하는 일마다 잘된다고 합니다. 물론 틀린 말은 아닙니다. 그만큼 조상이나 자손들에게 정성을 드린다는 의미이기 때문입니다. 그러나 불교 입장에서 보면 집안이 흥하는 집안은 명당이나 집터 같은 것 보다는 그런 업들이 모여서 집안을 흥하게 한다고 보아야 할 것 같습니다. 즉 우리의 아뢰아식의 업이 좋은 사람은 좋은 집안에 태어나서 좋은 집안의 대를 잇는다고 보아야 할 것이고, 전생에 업이 좋지 못한 사람은 이번 생에 좋지 못한 환경에 태어나 힘든 삶을 살아가는 것이 당연하다는 견해입니다. 전생에 좋은 업을 짓지 못한 사람이 부모님을 좋은 명당에 모셨다고 해서 좋은 업을 받을 리가 없습니다.

우리가 알고 있는 옛날 왕들은 모두 최고의 명당자리에 모셨을 것입니다. 하지만 그 왕들의 역사나 생애를 보면 결코 좋은 왕들이나 좋은 삶을 산 왕들은 별로 없었습니다. 대원군이 묘를 잘 써서 왕권을 잡았다고 하나, 그의 자식이나 손자들의 삶을 보면 결코 행복한 삶이었다고 말할 수는 없습니다. 근대화의 물결 앞에 살아야 했던 아들인 고종의 고통과 일인들에게 칼을 맞아 세상을 떠나야 했던 며느리 명성왕후, 약을 잘못 복용하여 바른 정신을 갖지 못한 손주인 순종과 의친왕, 영친왕의 고통, 그리고 그 후손들을 보아도 명당터나 풍수지리의 영향이라고 말하기에는 뭔가 석연치 않는 것이 있습니다. 집터나 풍수지리라기보다는 전생의 인과에 의한 삶이라고 해야 옳을 것 같습니다.

좋은 업이라는 것은 꼭 전생이야기만 아닙니다. 현실에서도 해당되는 말입니다. 현실에서 어떤 마음자세로 살아가느냐에 따라 사람의 인과가 달라집니다. 역학에서 사람의 운명은 '변한다'는 것입니다. 한자에서도 운명(運命)이란 운(運)자는 '움직인다'라는 뜻으로 이것은 사람의 운명은 변한다는 의미이기도 합니다. 그러면 운명을 바뀌게 하는 것은 무엇일까? 그것은 사람의 심성에 있다고 말하고 있습니다. 그 심성, 즉 심성(心相)이 곧고 바름에 따라 얼굴(관상)이 변하고 ,얼굴이 변하면 손금이(수상)이 변하고 손금이 변하면 운명이 바뀐다는 말입니다.

사람의 골상은 40세가 되면 변하지 않듯 인생이란 것도 40이

넘으면 쉽게 변하지 않습니다. 나무도 마찬가지입니다. 한번 굳어져버린 등걸은 쉽사리 고치기 어렵습니다. 가장 고치기 쉬울 때가 어릴 때이며, 사람의 운명을 좌우할 심성도 어릴 때 고쳐야 합니다. 하지만 늦더라도 나이 들어서 고운 심성을 지니도록 노력하면 인과를 바꿀 수 있으며, 운명도 바꿀 수 있습니다.

숭산스님이 인과에 대해 이야기 한 것이 있습니다. 스님은 수학적으로 인과를 설명했는데, 전생에 죄를 지어 -3으로 태어난 사람이 현생에 와서 +5의 행위로 살아간다면 +2의 인과를 받아 다소 행복한 생애를 살아간다는 말씀입니다. 이와 반대로 전생에 +3으로 복을 지어 태어난 사람이 현생에 -5의 나쁜 죄업을 짓는다면 -2의 불행한 삶을 살아간다는 말씀입니다.

한 치의 오차도 없는 인과의 셈법입니다. 어떻든 전생에 좋지 못한 업을 지어 현생에 태어난 사람은 이번 생에서라도 좋은 업을 지을 수 있도록 노력해야 할 것입니다.

그러면 자기의 운명을 바꿀 좋은 업과 바른 심성을 어떻게 해야 가질 수 있겠습니까? 선지자들이 말 한 것들을 종합해 볼 때 한결같이 그들은 이렇게 말하고 있습니다. 음식을 항상 감사하는 마음으로 먹고, 육식보다는 야채를 많이 먹어 잘 자고(쾌면), 잘 내보내(쾌변)고 적당한 운동은 마음을 안정시켜 바른 심성을 키울 수 있다고 했습니다. 또한 마음이 안정되기 위해서는 좋은 책을 읽는 것과, 무슨 종교를 가지든 기도하는 마음과 남을 불쌍히 여기고 돕는 행위, 즉 적덕(積德)행위는 고운 심성을 기를 수 있다고 한결같이 말 하는 바 입니다. 또한 위 같은 일을 실천하지 않아도 자기양심에 비추어 부끄러움이 없이 언제 어디서든지 남을 편하게 해줄 수 있는 사람이라면, 바른 심성을 지닌 사람이라고 말 할 수 있으며 좋은 업을 가지게 될 것이 분명합니다.

   그러나 아무리 좋은 업도 업이며, 그것은 우리의 생사의 일을 해결하지 못합니다. 왜냐하면 아뢰아식에 저장된 업에 의해서 육도 윤회를 하기 때문입니다. 업의 소멸만이 윤회에서 벗어나 적멸의 세계로 갈 수 있습니다. 우리가 너무나 잘 알고 있는 백장선사의 '깨달음을 얻은 사람은 인과에 매하지 않는다.'에서처럼 공짜가 없는 이 철저한 인과 법칙을 불교인이라면 마땅히 뛰어 넘어야 합니다. 물론 수십 억겁을 이어온 그래서 굳을 대로 굳어진 업을 한꺼번에 없앤다는 것은 보통일이 아닐 것입니다. 수행이나 명상을 하는 순간에도 수도 없이 일어나는 번뇌를 한꺼번에 없앤다는 것이 정말 보통일을 아닙니다. 마치 시속 100km를 달리다가 브레이크를 밟아도 갑자기 멈출 수 없는 것처럼 우리들의 업을 소멸 시킨다는 것은 그 만큼 어렵습니다.
   그런데 진실은 그 번뇌조차 모두 보리라는 의미입니다. 바다에서 바람에 따라 출렁거리는 파도도 결국은 바닷물이라는 것입니다. 결국 우리의 삶은 인과에 매이는 삶이지만 그 인과라는 것도 하나의 허상이라는 진리를 깨우쳐야 한다는 말입니다. 마치 금강경에서, '깨달음을 얻었을 때 중생들을 모두 무여열반으로 인도 하지만 그 중생이라는 것도 사실은 없다'라는 말처럼 '우리의 삶이 인과에 매여서 살고 있지만 그 인과라는 것이 없는 것'과 같습니다. 이 말을 이해하기 어려울지 모르겠습니다.

이럴 때 선사들은 허공 꽃을 이야기 합니다. 눈이 잘못되면 눈앞이 아른거리는 물체가 나타나는데 이것을 허공 꽃(空華)이라고 말합니다. 그 허공 꽃은 내 눈의 잘못으로 생겼을 뿐 사실은 존재하지 않는 것입니다. 그 말인즉 우리들의 삶 자체가 눈앞에는 존재하는데 사실은 존재하지 않은 환(幻)과 같다는 이야기입니다. 번뇌의 나무가 번창하여 '인과'라는 허깨비를 만들고, 그 인과 속에서 우리는 실체가 있다고 생각하여 행동하고 다니지만 사실은 그것들은 허공 꽃처럼 허깨비라는 이야기입니다. 그 허깨비에 속아 우리는 수십 겁을 살아오고 있는 것 입니다.

이런 사실을 우리는 깨달아야 하며 이것을 깨닫기 위해서는 희망의 끈을 놓지 말고 수행 정진해야 할 것입니다. 이 수행정진이라 것도 나중에는 모두 환(幻)이라는 사실을 깨달아야 한다는 사실입니다. 그래서 수행을 해도 틀리고 수행을 하지 않아도 틀린다는 말입니다.

이 세속에서는 업이 한 치의 오차도 없이 진행되고 있습니다. 물론 좋은 업을 짓도록 노력해야 할 것이지만, 그러나 그런 업을 뛰어넘어 깨달음으로 우리의 수행은 계속 되어야 합니다. 그렇지 않으면 언제 또 사람의 몸을 받아 이런 좋은 법을 만날지 모릅니다. 깨달음은 시각을 바꾸는 것입니다.

물결은 바람에 따라 출렁거리지만 물은 한 번도 움직인 적이 없습니다.

언어가 끊어진 자리

사람들은 살아가면서 말로 인하여 많은 오해를 하고, 말로 인하여 상처를 받고, 가장 행복을 나누어야 할 가정이 깨지기도 합니다. 말 때문에 생기는 우리말 속담은 정말 많습니다. '어' 다르고 '아'다르다는 말도 있고, '말 한마디에 천 냥 빚도 갚는다.' 라는 말도 있습니다. 이 말들은 어릴 때부터 너무 많이 들어서 식상 해버린 느낌도 있지만 곰곰이 생각해보면 정말 인생을 살아가는 지혜이기도 합니다.

'말 한마디에 천 냥 빚도 갚는다.'

이 속담은 얼마나 말이 소중한지 언어의 중요성을 단적으로 말해주는 속담입니다. 아무리 많은 빚이 있어도 말 한마디 잘해서 빚을 갚는다는 것, 이것은 속담에서나 있을 듯한 이야기지만 찾아보면 우리 주변에도 이런 이야기는 정말 많이 있습니다. 비록 천 냥이라는 큰돈은 아니지만 가벼운 말 한마디가 주변 사람들을 얼마든지 행복하게 할 수 있는 것이고, 긍정적인 말 한마디가 사람의 인생을 바꿀 수가 있는 것입니다.

또한 그와 반대로 말 한마디 잘 못해서 낭패 보는 경우도 많습니다. 사람 사이의 관계에서 흔히 일어나는 싸움은 이 말 때문에 일어난다고 해도 과언이 아닐 것입니다. 부부간, 친구간, 형제간, 직장 동료 간…… 사람 사이의 감정을 일으키는 경우가 이 말의 영향이 무척 큽니다. 말 한마디 오해해서 가까운 사이가 멀어지기도 하고 말 한마디 잘못 전달해서 큰 싸움이 벌어지기도 합니다. 특히 습관적으로 말을 함부로 해 상대방에게 상처를 입히는 사람도 우리 주변에 적잖이 있습니다. 그런 사람들은 반드시 말로 인해 상처를 받을 수밖에 없습니다. 말을 함부로 한다는 것은 상대방을 존중하지 않고 있다는 것입니다. 상대방을 무시해도 괜찮으니까, 말을 함부로 하는 것입니다. 상대방을 존중하고 사랑한다면 상대방을 존중하고 사랑하는 말이 나옵니다.

불교수행의 팔정도 중에 정어(正語)가 있습니다. 정어(正語)는 바른 말을 사용하자는 것인데 바른 말은 바른 생각(正念)에서 나옵니다. 불교의 바른 생각은 실상을 생각하는 것입니다. 실상(實相) 즉, 무아, 무상, 공을 바로보아 그 토대 위에 말을 한다면 상대방에게 상처 주는 말이나 마음을 아프게 하는 말을 사용 할 수가 없습니다. 모든 사람들이 평등함을 안다면 무시하는 말이나 상처 주는 말을 하지 않을 것입니다. 의식적이든 무의식적이든 바른 언어를 사용하여 바른 게를 지켜나가야 할 것입니다.

하지만 정어(正語)에서 한 단계 더 나아가면 언어란 깨달음을 얻기에 불필요한 것입니다. 선종에서 표방하는 말 중에 언어도단(言語道斷) 불립문자(不立文字) 직지인심(直指人心) 견성성불(見性成佛) 이라는 말이 있습니다. 말이 끊어지고 문자로 나타낼 수 없으며 곧장 사람의 마음을 가르켜 성품을 보아 성불하게 한다는 뜻입니다. 아무리 바른 언어(正語)를 사용한다고 해도 진리를 나타낼 수 없으며 말을 한다는 것 자체가 진리와 멀어진다는 것입니다.

선사들이 간혹 법문 중에 이 '토끼의 뿔' 또는 '거북이 털', '돌여자의 임신' '진흙 소' 등 이상한 말들을 하는 경우를 들어 보았을 것입니다. 그런 말을 들을 때마다 그 말의 뜻을 알지 못하면 '도대체, 이 말이 무엇인가?'하는 의문이 들기도 하고, 선문답을 듣는 것처럼 '선사들이나 하는 말'이라고 치부해 버리기도 했을 것입니다. 그런데 이런 말들은 알고 보면 참으로 어이없을 정도로 쉽고, 또 수행자라면 우리 생애를 통해 꼭 알아야할 말이란 것을 알 수 있습니다.

'토끼의 뿔', '거북이 털' '진흙 소' 같은 것은 실제 존재하는 것이 아닙니다. 세상 어디를 둘러보아도 토끼의 뿔을 가진 토끼는 존재하지 않고, 털 가진 거북이도 존재하지 않습니다. 이런 말들이 의미하는 것은 '이름만 있고 그 실제는 없는 것'을 의미할 때 쓰는 말입니다.

금강경에는 이름만 있고 그 실제는 없는 표현이 많이 등장합니다. '반야바라밀은 반야바라밀이 아니라 그 이름이 반야바라밀이며, 인욕 바라밀도 인욕 바라밀이 아니라 그 이름이 인욕바라밀입니다.' '불국토의 장엄은 장엄이아니라 그 이름이 장엄입니다.' 등등, 이와 같은 말들이 모습을 바꾸어 금경경에 많이 등장하는데 그 내포된 뜻은 하나입니다. 그 말인 즉 다름 아닌 '무상(無相)'입니다.

무상이란 한자어 그대로 '상이 없다'는 말입니다. 우리말로 더 자세히 풀어 말하면 '모습'이 없다는 말입니다. '나'라는 모습도 없으며, '너'라는 모습도 없고, 중생이란 모습도 없으며, 목숨이라는 모습도 없고, 세상이라는 모습도 없으며 우주라는 모습도 없다는 말입니다. 눈에 보이는 모습뿐만 아니라, 눈에 보이지 않는 세계도 그 모습과 흔적이 없다는 말입니다. 그것을 언어로 표현 할 수 없어 '토끼 뿔'이니 '진흙 소'니 '거북이 털'이라고 표현한 것입니다. 이름만 있고 실체가 없는 것 – 그것이 본질의 세계인데 그 '토끼 뿔'을 우리가 늘 상 쓰는 말로 나타내면 '진여'이며 '본래면목'이며 '불성'이며 '참 자아'라고 말 할 수 있습니다. 진리의 세계는 언어를 떠난 세계인데 굳이 언어를 빌어 표현하려니 그처럼 '토끼 뿔'이니 '진흙 소'니 '거북이 털'이라고 표현한 것입니다.

언어라는 것은 우리의 기억 속에 사물을 고정화시키는 힘이 있습니다. 여기 '장미가 있습니다.'라고 말을 했다면 사람들은 머릿속에서 '싱싱하고 예쁜 빨간 장미'를 그려냅니다. 그게 언어의 힘 입니다. 그러나 장미는 갓 피워 오른 장미도 있을 것이고, 시든 장미도 있을 것이고, 이파리가 떨어져버린 장미도 있을 것입니다. 세상에 엄청나게 많은 모습의 장미가 존재하는데 머릿속은 자기가 느끼고 보았던 한 가지 장미만을 떠올립니다. 그게 언어의 힘인 동시에 언어의 모순입니다.

그렇듯 언어는 사물을 고정화 시키면서 사물을 분별하게 합니다. 다르게 말하면 언어는 사물의 겉모습만 이야기 할 뿐, 본질을 말 할 수가 없습니다. 따라서 본질을 말로서 표현하는 사람은 본질을 호도하는 사람입니다. 본질은 언어가 끊어지고 문자로도 표현 할 수 없는 바로 그 자리에 있습니다.

물속에 있는 물고기가
물을 그리워한다

　모든 종교가 추구하는 것은 천국이나 극락이라는 내세일 것입니다. 간혹 현실을 추구하는 종교도 있습니다만 대부분의 종교는 현실이라는 고통을 잘 감내하면 죽은 후의 내세는 좋은 곳에 갈 것이라는 보장성 보험 같은 것이 종교의 핵심 내용입니다. 기독교이나 이슬람은 천국, 불교는 극락, 서로 말만 다를 뿐이지 똑같은 내세를 말하고 있습니다.

　내세가 진정으로 존재하느냐, 존재하지 않느냐, 하는 문제는 각자의 종교의 관점과 차이와 깊이에 따라 달라질 수 있습니다. 하지만 분명한 것은 천국이나 극락을 추구한다는 것은 너무나 교조주의적인 생각에 빠지지 않는 한, 좋은 일이라는 것입니다. 천국이나 극락을 추구한다는 것은 이 세상에서 나쁜 일보다는 좋은 일을 추구한다는 의미이기 때문이며, 되도록이면 선하게 또는 착하게 남을 돕고자 하는 행동이 많기 때문입니다. 사회에서 그런 사람들이 많을수록 사회는 풍성하고 아름답습니다.

내세를 믿는 대부분의 사람들은 천국이나 극락이 영적으로 존재하는 이 우주 어느 공간쯤에 존재한다는 것을 전제로 생각하며 신앙생활을 합니다. 지옥도 마찬가지입니다. 지옥도 이 우주 어느 공간에 존재한다는 것을 전제로 생각하며 두려워합니다. 그러나 좀 더 깊이 신앙생활을 하거나, 불교 공부를 깊이 한 사람이라면 천국이나 극락은 영적으로 이 우주 어드메쯤 존재하는 것이 아니라 바로 지금 여기에 존재한다는 것을 깨닫고 있을 것입니다. 지금 바로 여기가 이 세상이 극락이며 지옥입니다. 우리가 안심입명처인 본래면목을 알지 못하고 있는 것일 뿐, 우리는 이미 불성을 지닌 부처입니다.

그런데 지금의 아픔이나 괴로움을 먼 곳에서 치유하려는 생각은 어리석은 것입니다. 여기가 천국이고 극락인데 사람들은 그것을 모르고 천국이나 극락을 먼 곳에서 찾으려 하고 있습니다. 본래면목으로 돌아가면 열반이고 극락인데 본래면목으로 깨우칠 생각은 하지 않고 먼 곳만 그리워하고 있습니다. 마치 물속의 물고기가 물을 그리워하고 있는 것과 같습니다. 물속에 있는 물고기가 물속에 살면서 물을 그리워하는 것은 어리석음입니다. 자기가 물속에 살고 있다는 자각을 하지 못하기 때문입니다.

어떤 중이 마조에게 물었습니다.

"도(道)를 닦는다는 것은 무엇입니까?"

마조가 말했습니다.

"도는 닦는 것에 속하지 않는다. 만약 도를 닦아서 얻는다고 한다면 닦아서 이루어진 것은 다시 부서지니 곧 성문(聲聞)과 같으며 만약 닦지 않는다면 곧 범부와 같다."

그 중이 다시 물었습니다.

"어떤 견해를 지어야 도에 통달할 수 있습니까?"

"자성(自性)은 본래부터 완전하여 모자람이 없다. 다만 선(善)이니 악(惡)이니 하는 일에 막히지 않기만 하면 도를 닦는 사람이라 할 것이다. 선에 머물고 악을 제거하며 공(空)을 관하고 선정(禪定)에 들어가는 등은 조작(造作)에 속한다. 다시 밖으로 치달려 구한다면 더욱더 멀어질 뿐이다. 그러므로 삼계를 헤아리는 마음이 없도록 하여라. 한 생각 망령된 마음이 곧 삼계에서 나고 죽은 바탕이 되니, 다만 한 생각만 없다면 곧 생사의 근본을 없애는 것이며 이것이 법왕의 위없는 보물을 얻는 것이다."

한 생각 마음먹기에 따라 극락이고 지옥입니다. 그러나 그 한 생각 마음먹은 번뇌마저도 보리입니다. 마조 스님이 말했듯, 자성(自性)은 본래부터 완전하여 모자람이 없습니다. 따로 번뇌를 버리고 보리를 얻는다는 것은 조작입니다.

우리는 선은 좋은 것이며 악은 나쁜 것이라고 생각하고 있으며, 선을 추구하며 악을 버려야 천국이나 극락에 간다고 내세를 믿는 사람들은 그렇게 굳게 믿고 있습니다. 그러나 선이라든가 악이라는 것은 우리 인간이 만든 하나의 규범일 뿐, 법신의 입장에서 보면 다 같은 존재입니다. 모두 우리의 참자아입니다. 지금 우리에게 당장 필요한 것은 집착이나 혐오를 떨쳐내고 지혜를 꿰뚫어 깨달음을 이루는 것이지, 내세를 위해서 악을 버리고 선을 추구하는 삶이 아닙니다. 우리는 이미 불성을 지니고 있습니다. 그런데 그것을 깨닫지 못하고 있기 때문에 그것을 지혜로서 꿰뚫어 깨달아야 합니다.

지혜로서 꿰뚫어 깨달아야 할 것은 아와 법이 존재한다는 고정관념을 깨는 일입니다. 이런 고정 관념이 깨지고 업이 소멸되면 자연히 있는 그대로의 밝은 세상이 존재합니다. 그곳이 바로 천국이고 극락의 세계입니다.

이처럼 천국이나 극락이 먼 곳에 있는 것이 아니라 바로 우리들의 업이 소멸되면 자연히 드러나는 것이 천국과 극락의 세계입니다. 업의 소멸은 우리의 아뢰아식의 소멸이라고 말할 수 있습니다. 그것은 곧 가설로 생긴 아(我)와 법의 소멸입니다. 원래부터 업은 존재하지 않았습니다.

물속에 있는 물고기가 물을 그리워하는 어리석음에서 벗어나야 합니다.

연못 속에 산이 있다

흔히 화엄경의 핵심은 '일체유심조(一切唯心造)'라고 말을 합니다. 모든 것은 마음에 달렸다는 것입니다. 이 일체유심조는 불교의 핵심으로서 화엄경 뿐 만아니라, 대승기신론에서도, 원각경에서도 능엄경에서도, 선불교에서도 모든 우주가 모두 마음에서 비롯되었다고 말하고 있습니다.

그런데 문제는 사람들이 그 '마음'을 알지 못한다는 것입니다.

"도대체 마음이란 무엇입니까?"

불자라면 한번쯤 정말 곰곰이 생각해 봐야 할 말인 것 같습니다. 선불교에서는 심즉불(心卽佛)이라 하여 '마음이 곧 부처'라고 표현하고 있습니다. 보통의 사람들은 마음이라고 하는 것은 '좋아하고, 미워하고, 사랑하고, 기뻐하고, 증오하는 어떤 상황을 마음이라고 말을 합니다. 국어사전에는 마음이란 '감정이나 생각, 기억 따위가 깃들이거나 생겨나는 곳'이라고 말을 하고, 영어로는 마음을 mind, heart, thought등으로 표현합니다. 그래서 마음을 나타낼 때에는 심장을 상징하거나 가슴을 나타내는 경우가 대부분입니다.

그러나 그것은 상징적인 의미일 뿐, 우리는 그 마음이 무엇인지를 잘 알지 못합니다. 또한 그 마음이 어디에, 어떻게 존재하는지를 잘 알지 못합니다. 흔히 선가에서는 이런 현상을 자기 눈으로 자기 눈을 볼 수 없는 것처럼 마음도 그렇다고 표현합니다. 마음은 볼 수도 어떻게 생겼는지도 알 수 없다는 것입니다. 그렇지만 우리는 마음을 알고 있으며, 마음의 힘이 얼마나 큰지를 알고 있습니다. 예전에 읽었던 정신세계사 '나는 왜 네가 아니고 나인가' 라는 책에 인디언 체로키족이 말한 마음에 관한 이야기가 나옵니다. 그 책에 나온 것을 그대로 옮겨보면 다음과 같습니다.

할머니의 말씀에 의하면 모든 사람은 두개의 마음을 갖고 있다고 한다. 마음의 하나는 육신의 삶을 사는 데 필요한 것들과 관계된 것이다. 우리는 그 마음을 사용해 먹을 것이나 잠잘 곳, 그리고 그밖에 우리의 육신을 위해 필요한 것들을 얻는 방법을

생각해 낸다. 남녀가 짝을 짓고 아이를 갖는 등의 행위를 하는데
도 그 마음이 필요하다. 우리가 이 세상에서 생존해 나가려면 당
연히 그 마음을 가지고 있어야 한다. 그러나 우리는 그러한 일들
과 전혀 무관한 또 다른 마음을 갖고 있다고 할머니는 말씀하셨
다. 그것은 바로 영적인 마음, 곧 영혼이라는 것이었다.

만일 우리가 육신의 삶을 담당하는 마음만을 발달시켜 탐욕스
럽고 천박한 생각에만 몰두한다면, 또 만일 우리가 항시 그 마음
을 통해 남을 공격하고 남에게서 물질적인 이익을 취할 방법을
계산하는 데만 몰두한다면……그렇게 되면 상대적으로 우리의
영적인 마음은 히코리 열매의 크기로 쪼그라들고 말 것이다.

우리의 육신이 죽으면 우리 육신의 삶과 관계된 마음도 함께
소멸되어 버린다. 그리하여 만일 당신이 평생 동안 육신의 마음
으로 삶을 이끌었다면 당신에게 남는 것은 히코리 열매만한 영
혼뿐일 것이다. 왜냐하면 당신의 다른 모든 것이 죽을 때 결국
살아남는 것은 영혼뿐이기 때문이다. 그리고 당신이 그 다음에
또 다른 육체로 태어날 때 – 모든 인간은 다시 태어나게끔 되어
있다 – 당신은 이 세상의 어떤 것도 제대로 이해하지 못하는, 히
코리 열매만한 영혼을 갖고 태어난다.

만일 다시 태어나서도 육신의 삶과 관계된 마음이 여전히 당
신의 인생을 지배하게 된다면 영혼은 다시 완두콩 크기만큼 쪼
그라들어 버리거나 아예 사라져 버릴지도 모르는 일이다.

그럴 경우 당신은 당신의 영혼을 완전히 잃어버리고 만다.

그 결과 당신은 살아 있는 것 같으면서도 사실은 죽은 인간이 된다. 할머니는 우리가 죽은 인간을 손쉽게 가려 낼 수 있다고 하셨다. 죽은 인간들은 눈이 멀었기 때문에 여자를 볼 때도 추잡한 것밖에 눈에 들어오지 않으며, 타인을 볼 때도 나쁜 것 밖에 볼 줄 모르고, 나무를 볼 때도 아름다움을 잊은 채 목재나 거기에서 얻을 수 있는 이득밖에 볼 줄 모르게 된다. 그들은 살아있는 것처럼 세상을 걸어 다니지만 사실은 죽은 인간들이다.

할머니 말씀에 의하면 영혼과 관계된 마음은 근육과 똑같은 성질을 지녔다고 한다. 우리가 그것을 자주 사용하면 할수록 그것은 점점 더 커지고 점점 더 강해진다. 영혼을 크고 강하게 만드는 단 하나의 방법은 그것을 통해 세상 모든 것을 이해하려고 하는 자세를 갖는 것뿐이다. 그러나 당신이 언제까지나 육신의 마음으로 생각하기를 계속하고 탐욕을 버리지 못하는 한 영혼으로 이르는 문은 열리지 않는다.

다행히 당신이 영혼으로 이르는 문을 열었을 경우 이때부터 당신은 이해의 길에 들어서게 되며, 당신이 이해의 길을 가려고 노력하면 할수록 당신의 영혼과 관계된 마음은 점점 커지게 된다.

그리고 당연히 이해와 사랑은 손바닥과 손등처럼 함께 따라가는 것들이다. 그 둘은 다른 것일 수가 없다. 흔히 사람들은 어떤 대상을 제대로 이해하지도 못하면서 그것을 사랑하는 척하는데,

이런 이율배반적인 경우를 제외하고 사랑과 이해가 따로일 수가 없다.

불교와 인연이 먼 인디언들의 이야기지만 인간들이 살아오면서 지녀온 지혜는 동서고금을 통해 거의 같은 것 같습니다. 단지 살아온 환경이나 기후, 또는 정치적인 이유 때문에 종교가 갈렸을 뿐, 인간이 지니는 지혜는 대부분 비슷한 것 같습니다.

마음에는 두개가 있다는 것, 불교적인 용어로 이야기하면 번뇌와 보리 또는 심생멸이나 심진여와 같은 것으로 이야기 할 수 있을 것 같습니다. 단지 불교에서는 진여나 불성이나 여래장 같은 것으로 마음을 변하지 않는 것으로 표현한 것에 비해 인디언 체로키족들은 영혼은 변한다고 이야기 하고 있습니다. 비록 제법무아(諸法無我)를 이야기하는 불교지만 한편으로 윤회를 말하고 있는 입장에서 보면 귀기우려 볼만한 이야기입니다. 영혼과 관계된 마음은 근육과 같아서 사랑과 이해의 힘을 쓰면 쓸수록 영혼은 커지고 쓰지 않으면 작아진다는 말은 불교에서 이야기하는 업(業)에 의한 윤회와 같은 맥락의 이야기인 것 같습니다.

마음은 눈으로 볼 수가 없습니다. 스승님들이 가끔 '마음을 바라보라'고 하지만 실제로 눈으로 마음을 바라볼 수는 없고, 마음을 바라보라는 말은 사랑하고, 미워하고, 즐거워하고 기쁘고, 슬픈 그 느낌을 알아차리고, 그 느낌에 집중하라는 말일 것입니다. 위파사나 수행을 흔히 '알아차림' 또는 '마음 챙김'이라고 하는 것도 바로 마음을 바라보라는 뜻입니다.

  그러나 이렇게 느낌으로 알 수 있는 마음은 조금만 신경 쓰면 알 수 있는 마음입니다. 하지만 그런 마음 뒤에 숨어있는(?) 마음, 즉 다른 말로 표현되는 본성 또는 본래면목, 불성, 여래, 진여, 주인공, 마음자리 등은 참 찾기가 어렵습니다. 이 마음을 찾기 위해 많은 수행자들이 오늘도 선방에 앉아 화두를 챙기거나 '마음 챙김'을 하고 있을지도 모르겠습니다.

  그러면 이 '본성', 또는 '본래면목'은 도대체 무엇이기에 그렇게 꼭꼭 숨어서 수행자를 힘들게 하는 것인가? 흔히 그 본성을 선사들은 거울로 비유하기도 합니다. 아주 깨끗한 거울, 그야말로 일체의 티끌도 없는 맑디 맑은 거울처럼 생긴 것이 우리의 본 마음이라고 말하고 있습니다. 그 거울에 무명의 티끌이 묻기 시작하여 깨끗한 거울의 모습은, 거울의 제 기능을 잃고 때가 잔뜩 묻은 모습으로 껌껌하여 아무것도 비출 수 없게 되어 버린 것입니다. 그래서 본래의 마음은 없어지고 좋아하고, 미워하고, 사랑하고, 기뻐하고, 증오하는 일상적인 마음만이 남은 것입니다. 중생들은 본래의 마음을 잊어버리고 그 일상적인 마음만 우리들의 마음이라고 생각하며 살아가고 있는 것입니다.

  그렇다면 그 '본래의 마음과 일상의 마음이 전혀 별개의 마음인가?', 하는 문제가 있습니다. 혜능 선사는 번뇌 즉 보리라고 하여 그 일상의 마음이나 본성은 별개의 마음이 아니라 같은 하나의 마음이라고 하고 있습니다.

　번뇌의 마음을 가만히 지켜보면 그 마음의 실체가 없습니다. 한마디로 공(空)입니다. 본성도 텅 빈 공(空)이고, 번뇌도 텅 빈 공입니다. 따라서 번뇌나 본성이나 똑같은 공(空)이기에 번뇌 즉 보리라고 말할 수 있습니다. 맑은 연못 속에 비치는 산의 모습은 그림자일 뿐입니다. 내 마음속에 담겨진 갖가지 사물들의 모습도 그림자일 뿐입니다. 그 그림자를 붙들고 우리는 웃고, 울고, 죽네, 사네, 힘드네, 즐겁네, 행복하네, 괴롭네, 아프네, 하면서 살아갑니다. 그림자는 생로병사도 없습니다. 그냥 평면적이 그림자일 뿐입니다. 일상적인 마음역시 텅 빈 허공입니다.

　깨달음이란 다름 아닌 그 일상적인 마음에서 순일한 허공성을 깨닫는 것입니다. 　반야심경에서도 색(色)이 즉 공(空)이며, 공(空)이 곧 색(色)이라고 했습니다. 일상적인 마음이나 우리의 본래의 마음이나 둘이 아닙니다. 순일한 허공성입니다. 그 순일한 허공성이 우리의 본래마음입니다. '일체유심조(一切唯心造)'라고 '우주가 모두 마음에서 비롯되었다'고 한다면 마음에 비친 우주는 순일한 허공성입니다. 마치 연못에 비친 산 그림자처럼.

　마음이 부처라고 하는 것을 수심결에 보면 추우면 추울 줄 알고, 배고프면 배고픈 줄 알고, 즐거우면 즐거운 줄 아는 것이 불성이라고 했습니다. 순일한 허공성이기에 어떤 인연이 오면 그 인연 따라 춥게, 즐겁게 배고프게 보이는 것입니다.

텅 빈 허공성이기에 빨간 것이 오면 빨갛게 보이고 파란 것이 오면 파랗게 보일 뿐입니다.

깨달은 자는 마음이 불성인 줄 알고, 중생은 그 마음을 업이라고 압니다. 그런데 우리 눈에 보이는 세상은 공화(空花)입니다. 우리 눈에 티끌이 들어가면 허공 꽃(空花)이 보입니다. 그 공화를 중생들은 실제 존재 하는 줄 알며, 깨달은 사람은 공화로 앎니다. 따라서 우리의 일상적인 마음속에서 본래면목을 보아야 하며 따로 본성을 찾을 필요가 없습니다. 마음속에서 부처를 보아야 합니다. 그러기에 스승들은 깨닫고 보면 깨달을 만하게 없다고 말합니다. 그야말로 한물건도 없으니 그 이상 무엇을 말하겠습니까?

청정한 연못만이 실체입니다. 연못에 비친 산 그림자는 허공 꽃입니다.

산은 산이요,
종소리는 종소리다

　평상시 우리들의 눈으로 세상을 보면 사람, 동물, 건물, 나무, 벌레 등 늘 보던 것만 보여서 더 이상 깊이를 알지 못합니다. 여기에는 분별과 차별이 존재합니다.

　그렇지만 돋보기를 하여 사물을 보면 이제까지 눈에 보이지 않았던 미세한 것 까지 보이게 되고. 더구나 현미경과 전자 현미경으로 보면 모든 사물은 모두 같은 모습의 세포로 밖에 보이지 않습니다. 동물이나 사람이나 나무들이나 모두다 세포이며 더 깊이 들어가면 분자 원자, 양성자나 중성자입니다. 이때의 모습은 모든 사물들이 똑같습니다. 이것은 사물을 이루는 근본이 됩니다.

　이제는 돋보기나 현미경을 사용하던 것과 달리 사물에서 멀리 떨어져 높은 곳에 올라가 보면 사람이나 사물이나 별 차이 없습니다. 더 높은 비행기나 우주로 나가 지구를 바라보면 모든 사물은 똑같은 모습으로 보일 뿐입니다. 거기에는 희로애락도 없고 생로병사도 없습니다. 그저 둥근 지구별이 있을 뿐입니다.

　전자현미경을 가지고 사물을 보든 멀리 떨어져 지구를 보든 거기에는 삶도 없고 죽음도 없습니다. 즐거움도 없고, 기쁨도 없고 슬픔도 없습니다. 눈을 낮추어 현미경으로 보면 그저 세포만 있으며, 눈을 높이 하여 보면 그저 둥근 지구의 별이 멀리서 반짝거릴 뿐입니다. 이것이 바로 차별도 없고, 높낮이고 없고, 많고 적음도 없는 물질계의 절대 평등의 본래면목입니다.

　이런 말을 옛 선사들이 들으면 대번에 주장자를 들고 저를 30방을 때릴 것이 분명합니다. 본래면목의 의미도 모르는 놈이라고 하면서. 원래 본래면목은 말로써 표현할 수 없는 순수한 허공입니다. 말로써 나타내는 본래면목은 본래면목이 아닙니다. 본래면목을 말로 표현하려는 그 순간부터 어긋나게 되어 있습니다. 그래서 옛날부터 말로써 표현 할 수 없는 그 본래면목을 '할'이니 '방'이니 또는 '손동작'으로 보이거나, 말도 안 되는 '토기의 뿔'이나 '거북이 털' 등의 표현으로 나타냈습니다. 하지만 제가 그런 본래면목을 말로 표현 했으니 당연히 30방을 맞을 것이 분명합니다.

　사실 선에서 말하는 본래면목과 제가 말한 본래면목과는 개념이 다르고 의미도 다릅니다. 그렇지만 본래면목이라는 성질의 근본개념은 선에서 말하는 본래면목과 다름이 없습니다.

너무 크거나, 너무 작아서 인간의 눈으로 볼 수 없고, 인간의 말로서 설명 할 수 없는 것이기 차별이 있을 수 없고 거기는 절대 평등만 존재합니다. 그래서 감히 그것들을 본래면목이라고 말하는 것입니다.

선에서 말하는 본래면목이란 어떤 의미의 나의 진짜 모습(眞我)입니다. 참 자아입니다. 있는 그대로의 모습입니다. 인연에 의해서 잠시 만들어진 가짜의 '나'가 아니라 본래의 모습인 '참나'를 말합니다. 거기에는 '누가 무엇을 본다든가', '누가 무엇을 듣는다든가' 하는 것이 사라진 주체와 객체가 둘이 아니며, 그렇다고 하나라고 말 할 수 없는 그 무엇입니다.

인간의 언어는 반드시 주어와 동사로 이루어져 있습니다. '내가 하늘을 본다.'라는 말이 있다면 반드시 '누가' '무엇이'라는 주체가 있고, 보는 대상인 객체가 있어서 언어가 성립됩니다. 주체만 있고, 객체가 없다면 언어로 성립될 수 없고 또한 주체가 없이 객체만 있다면 언어가 성립될 수 없습니다. 그런데 주체인 '누가' '무엇이'가 객체인 어떤 사물을 볼 때에는 있는 그대로 사물을 보지 못합니다. 그 안의 내면에서 나름의 변화를 겪어 사물을 봅니다. 어떤 말을 열(10) 사람만 건너서 말을 전한다고 한하면 말은 엉뚱하게 변해 있을 것입니다. 그것은 사람마다 각자의 생각과 시선으로 사물을 보기 때문에 말을 그대로 전달 될 수가 없습니다.

거기에는 의식이 만든 망상이 존재하며 차별이 존재합니다.

하지만 본래면목은 있는 그대로를 말하는 것이기에 주체가 있을 수가 없고, 주체가 사라졌기에 차별이 있을 수 없습니다. '누가' '무엇이'란 주체가 사라져서 '산은 산이요, 물은 물입니다.' 종소리가 들려온다면 내가 사라진 그냥 종소리만이 있을 뿐입니다. '종소리가 들리는데 어떻게 그 소리를 듣지 않고 종소리만 존재 할 수 있느냐?'고 반문할지 모르겠습니다. 그것은 '나'라는 존재가 있기 때문입니다. '나'라는 존재가 있기 때문에 종소리만 존재 할 수 없습니다. 그렇지만 '나'라는 존재가 완전히 없어진 상태에서 들은 종소리는 종소리만 있을 뿐입니다. 산은 산이요, 종소리는 종소리입니다. 있는 그대로 입니다. 그 경계는 소리 이전의 소리이며, 봄 이전의 봄으로 차별과 분별이 있을 수 없습니다. 이것을 일컬어 소위 중도니 중관이니 말하지만 그 경계를 어떻게 설명할 수 없어 언어가 사라진 경계라고 말을 하는 것입니다.

선에서 말하는 본래면목은 이렇게 말 할 수 있는 것은 아니지만 제가 앞에서 말한 눈높이를 달리하여 보는 본래면목은 말 할 수 있습니다. 그것을 불교적인 용어로 말하자면 법신이라고 할 수 있고 '체(體)'라고도 말 할 수 있습니다. 그 '체(體)'는 인연화합을 거듭하면서 삼라만상을 '만들었다', '거두었다'를 반복하며 거대하게 흘러가고 있습니다. 거기에서의 우리가 늘 생각하는 '나'란 인연에 따라 잠시 왔다가 사라지는 폭포의 물보라 같은 것입니다. 따라서 '나'는 가짜이며, '진짜의 나'는 폭포 속에서 잠시 일어난 물보라가 아니라, 거대하게 흘러가는 물줄기입니다. 그것이 본래면목이며 참자아입니다. 차별이 없는 절대 평등, 아뇩다라 삼먁삼보리의 세계입니다. 인간의 마음속에 일어나는 모든 생각과 감정과 번뇌는 본래면목의 응현일 뿐입니다. 그렇다고 인간의 번뇌가 본래면목이 아니라고 말하지 않습니다. 그것 역시 본래면목입니다. 번뇌가 보리입니다.

비록 우리는 석가모니처럼 대각을 하지 못했지만 차별 경계가 올 때마다 이 본래면목을 생각하면 그때마다 작은 깨달음을 가져올 수 있습니다. 본래면목은 절대 평등 법신이기에 두려움도, 미움도, 아픔도, 괴로움도 없습니다. 모든 사람들이 똑같이 가지고 있는 세포 앞에 높낮이도 없고, 많고 적음도 없듯이 본래면목 앞에 인간은 절대 평등합니다. 똑똑하다고 세포가 많고, 조금 모자라다고 해서 세포가 적은 것이 아닙니다. 부자든, 가난하든, 동물이든 식물이든, 죄가 많든 죄가 없든 세포는 존재하며 모두다 평등하여 높고 낮음도 없고, 많고 적음도 없습니다. 본래면목은 이 세포처럼 절대 평등의 세계입니다.

본래면목은 이처럼 평등하기 때문에 평등한 마음을 가지고 산다는 것은 참으로 우리들의 마음을 편안하게 합니다. 어떤 잘못을 해서 마음이 괴로울 때도 본래면목 즉 변하지 않는 진짜 나를 생각하면 괴로워 할 필요가 없습니다. 괴로움이 내가 아니기 때문입니다. 괴로워하는 나는 사실 껍데기입니다. 본래 나와는 아무런 상관없는 껍데기이기 때문에 옷은 벗어버리면 그만입니다. 인연이 다하면 사라지는 것이며 그것들은 단지 본래면목의 응현으로 생긴 것들입니다.

본래면목으로 산다는 것은 무심의 생활이며 무아의 생활입니다. 그야말로 무심과 무아의 생활은 아상도 없고, 인상도 없고, 중생상도 없고, 수자상도 없습니다. 그냥 있는 그대로의 여여(如如)한 생활이며 안심입명처의 생활입니다. 빈 배가 파도에 출렁거리듯 살면 그 뿐입니다.

문수보살이 무착에게 물었습니다.

"그대는 어디로부터 오는가?"

"남방에서 옵니다."

"좋은 염주를 가져 왔는가?"

"변변치 못한 것을 가졌습니다."

"내게 보여줄 수 없는가?"

무착은 염주를 문수보살에게 주었습니다.

문수보살이 말했습니다.

"그대의 것을 내놓게."

"그것이 제 염주올시다."

"그대의 것이라면 어째서 남방에서 왔다하는가?"

"……."

무착은 무슨 말을 하는지 몰라 말이 없었습니다. 문수보살이
다시 물었습니다.

"남방에는 불법을 어떻게 행하는가?"

"말법(末法) 비구라 계율을 지키는 이가 드뭅니다."

"대중은 얼마나 되는가? 3백 명도 되고 5백 명도 됩니다."

이번에는 무착이 문수보살에게 물었습니다.

"여기에는 불법이 어떻게 유지됩니까?"

"용과 뱀이 혼잡하고 범부와 성인이 섞여있다."

"대중은 얼마입니까?"

"前三三 後三三이네."

무착은 문수보살이 도대체 무슨 말을 하고 있는지 몰랐습니다.

무착은 가짜의 '나'를 말하고 문수보살은 본질을 이야기 하고
있습니다. 가짜의 '나'를 생각하며 살아가는 거의 대부분의 사람
들은 진짜의 '나'를 말하는 문수보살의 말을 알 수가 없습니다.
인간의 눈으로 보면 차별이 있지만 문수의 눈으로 보면 용과 뱀
이 섞여있고 전삼삼 후삼삼(前三三 後三三)입니다. 평등입니다.
본질의 입장에서 보면 문수의 말이 이해되지만 인간의 입장에서
보면 문수의 말을 이해할 수 없습니다.

제 2 장

달빛 속에 대나무
그림자는 자취가 없다

소유란 없다

사람이 70년을 산다고 했을 때, 그 삶을 요약하면 다음과 같다. 잠자는 시간 23년, 양치질 하고 씻는 시간 2년, 일하는 시간 26년, 화장실에서 보내는 시간 1년, 거울 보는 시간 1년 반, 기다리는 시간 3년, 차타는 시간 6년, 아침저녁 신문 보는 시간 1년 반, 텔레비전 보는 시간 4년, 그리고 화내는 시간 2년, 그런데 정작 웃는 시간은 고작 88일이라는 것이다.

-중학교 교과서 (천재교육) -

이 이야기의 주제는 우리 일생 중에 웃고 사는 너무 적으니까 '즐겁게 웃고 살자'는 이야기입니다. 그런데 이 이야기의 주제보다도 눈길을 끄는 것은 우리 인생의 시간을 숫자로 나타냈다는 것입니다. 이 시간은 사람마다 조금씩의 차이는 있겠지만 특이

한 경우를 제외하고는 대부분의 사람들이 비슷할 것이라 생각합니다.

그런데 위 이야기는 인생을 크게 나누어 말한 시간인데 인생을 더 잘게 시간을 쪼개면 어떻게 될까? 마치 눈에 보이는 도자기를 망치로 때려서 부수고, 또 부수고 나면 도자기의 형체가 사라지듯이 인생이라는 시간도 쪼개고, 또 쪼개고 나면 어떻게 될까? 아마 우리 인생의 시간을 쪼개고 나면 찰나 찰나라는 시간으로 나누어 질 것 같습니다. 그 찰나 찰나가 모여 80년이라는 인생의 시간을 만들었고, 그 찰나가 모여 우리의 삶을 형성 한 것입니다.

그렇다면 시간적 공간적으로 잘게 부순 인생의 개념에서 우리가 가지고 있는 것들이 진정으로 우리 인생에서 무슨 의미가 있는가? 다시 말하면 시간적, 공간적으로 소유하고 있는 것들이 진정 존재하는가, 하는 문제를 생각해보지 않을 수 없습니다. 마치 도자기를 부수면 똑같은 무게의 흙가루만 남는데 그 흙가루가 도자기인가 하는 문제를 생각해 보는 것과도 같습니다.

이 문제에 대해 도자기를 부수어 흙가루가 되었다 해도, 그 흙가루를 도자기라고 말하는 사람은 없을 것입니다. 시간도 마찬가지일 것 같습니다. 인생이 찰나 찰나로 이루어져 있다 해도 그 찰나 찰나를 인생이라고 말할 수는 없을 것입니다. 도자기를 이루었던 흙가루가 모습이 없듯이 우리의 삶을 이루는 찰나 찰나도 그 흔적이 없습니다.

다시 말하면 시간적, 공간적 우리 인생을 채우고 있는 본바탕은 실체가 없다는 뜻입니다. 그저 텅 빈 허공과도 같다고도 볼 수 있습니다. 그렇다고 또 없는 것도 아닙니다. 그 텅 빈 허공위에 수많은 인연이 만나서 어떤 삶을 만들고 삶을 또 존재케 합니다. 그러나 본 바탕이 허공이기에 그 어떤 삶이라는 것도 허공처럼 그림자만 있을 뿐입니다. 따라서 우리가 화내고, 욕심내고, 미워하고, 사랑하는 오욕칠정이 모두다 허공 같습니다. 위에서 인용한 우리네 인생을 시간으로 쪼개어 말을 하고 있지만 사실은 웃음도 허공이요. 화내는 것도 허공이요. 신문보고, 잠자는 시간도 허공이라는 뜻입니다.

그런데 우리들은 무엇을 소유하고, 누구와 관계를 맺고, 무엇을 누리면서 살아간다고 착각하며 살아갑니다. 시간과 공간속에 우리의 삶이 채워졌다고 생각합니다. 분명 냉정하게 현상을 지켜보면 땅을 소유하고, 주택을 소유하고, 무엇을 소유했다고 생각하지만 그것들을 쪼개어 보면 허공위의 그림자입니다.

이야기가 왜곡됩니다만, 설령 내가 가지고 있는 소유가 허공위에 그림자가 아니더라도, 어떤 땅을 소유했다는 것은 잠시 내 마음대로 그 땅을 사용한다는 것이지 결코 땅을 소유할 수는 없습니다. 땅은 언제나 그대로 있을 뿐입니다. 땅은 그대로 있는데 단지 등기부등본에 내 이름이 적혀 있고 그 땅을 자유롭게 사용할 권한이 있을 뿐입니다. 땅 뿐 만아니라, 주택도 마찬가지이고, 주변에 가지고 있는 물건들도 마찬가지입니다. 단지 잠시 사용할 권한이 있을 뿐 소유한다는 것은 착각입니다.

사람과의 관계도 마찬가지입니다. 남녀가 결혼하면 '너는 내 것'이라는 생각을 하며 삽니다. 그래서 상대가 자기의 범위에 있지 않으면 견딜 수 없어 하고, 자기 소유로 하고자 싸움을 마다하지 않습니다.

우리는 사람을 소유했다는 생각을 하고 자기 자식들 까지도 소유했다는 착각을 하고 삽니다. 그래서 아들이나 딸이나 자기 마음대로 하려는 사람들이 있습니다. 요즘 뉴스에 심심치 않게 나오는 아동학대가 그렇고 체벌이 그렇습니다. 그러나 분명한 것은 아들이나 딸들이 자기와 별개의 삶을 산다는 것입니다. 인간은 어떤 식이든 소유되지 않습니다.

소유란 없습니다. 내 몸도 내가 아닌 지수화풍의 인연으로 생겨 소유를 생각할 수 없는데, 땅이니, 집이니, 사람과의 관계는 생각조차 할 수 없습니다. 소유라는 말 자체가 틀린 말입니다. 본래 무일물입니다. 아무것도 없습니다. 그저 법신의 응현으로 인해 스크린에 비친 영화처럼 잠깐 스쳐가는 그림자일 뿐입니다. 찰나찰나 지금 여기만 존재합니다. 과거의 우주는 없습니다. 미래의 우주도 없습니다. 때문에 지금의 이 우주는 그림자인 것입니다. 모든 것이 본래 무일물일 따름입니다.

우리네 삶이 이처럼 그림자 같은 데에도 그 그림자를 그림자로 보지 못하고, 실제로 존재한다고 생각하기 때문에 욕심을 내고, 화를 내고 두려워하고 그로인하여 윤회의 사슬을 끊지 못하고 삼계를 돌아다닐 수밖에 없습니다.

　　菩提本無樹(보리본무수)

　　明鏡亦非臺(명경역비대)

　　本來無一物(본래무일물)

　　何處若塵埃(하처약진애)

　　보리에 본디 나무가 없고

　　밝은 거울 또한 받침대가 없네

　　본래 한물건도 없는 것인데

　　어디에 때가 끼고 먼지가 일 것 인가

-혜능선사 계송

　　소유란 없습니다. 본래 무일물입니다. 아무것도 없는데 욕심을 내고, 화를 내며 살 이유가 없는 것입니다.

생生의 감각

　사람이 생을 살다보면 절망하는 순간들이 있습니다. 물론 인생을 평안하게 사는 사람들도 간혹 있겠지만 대부분의 사람들은 한두 번쯤은 하늘이 무너지는 듯한 극심한 절망을 겪어 보았을 것입니다. 사랑하는 사람과 이별을 했다든지, 병원에 입원해야 하는 처지라든지, 느닷없는 사고를 당했다든지, 시험에 떨어졌다든지, 부모님이 돌아가셨다든지, 별의별 사건들로 인해 절망하는 일들이 살다보면 분명 있습니다. 그것이 세상사이자, 인생사이기 때문입니다.

　얼마 전 지인 한분이 고혈압으로 일주일동안 쓰러져 의식을 잃었다가 깨어났습니다. 그 분 말씀이 세상이 달라 보인다고 했습니다. 거의 죽음 직전 까지 갔다가 살아난 사람들의 하늘은 살아 있을 때 그저 평범하게 보았던 하늘하고는 전혀 다른 하늘 일 것 같습니다. 아름답고 찬란하고 어떤 안도의 하늘이기도 할 것입니다. 그래서 삶에 대한 애착이 오히려 더 강하게 일어날 것이 분명합니다.

하지만 불교인 입장으로 보면 생에 대한 강한 의지를 꼭 찬성하고 싶지는 않습니다. 그렇다고 생을 포기하라는 이야기는 아닙니다. 그저 자연스러움을 이야기 하고 싶을 뿐입니다. 생에 대한 집착보다는 생에 대한 여유와 균형을 말하고 싶은 것입니다.

몇 년 전에 한창 유행하던 말 중에는 웰빙이라고 해서 '잘 사는 법'을 이야기하던 시절이 있습니다. 그리고 '건강하게 오래 사는 삶'이 요즘 많은 사람들의 대세가 되어버렸습니다. '구구팔팔'이라는 말이 있듯이 99세까지 팔팔하게 살자는 이 구호 아닌 구호가 현대인들의 의식 속에 자리 잡고, 건강하게 오래살기 위해 현대인들의 노력은 여러 곳에서 계속되고 있습니다. 운동을 하고, 요가를 하고, 등산을 하고, 헬스장에 다니고…… 그러나 이 웰빙의 끝에는 무엇이 있을까? 모든 사람들이 행복하고 잘살기만을 원한다면? 그리고 태어남만 있고 죽음이 없다면? 만들어지는 것만 있고 없어지는 것이 없다면? 이런 생각을 하면 저는 왠지 암울한 기분이 듭니다. 물론 건설만 있고 파괴가 없는 세상이나, 죽음이 없는 인생을 생각해볼 수는 없겠지만 그래도 만약 생각해본다면 그 끝은 어떻게 될 것인가?

아마 그 끝은 균형을 잃어버린 세상이 될 것입니다. 그것은 마치 받아드리기만 하고 내보내지 않는 팔레스타인의 사해처럼 결국은 죽음의 바다가 될 것입니다. 생(生)이 있으면 반드시 사(死)가 있어야 하고, 들어온 것이 있으면 반드시 나가는 것이 있어야 합니다. 강물은 흘러가야 깨끗한 물을 유지 할 수 있습니다.

돈도 마찬가지입니다. 벌기만 하고 쓰지 않는다면 그 돈은 벽장 속에 쌓아둔 종이에 불과 합니다. 유용하게 소비 해줌으로서 다른 사람들이 돈을 벌고, 돈을 번 그 사람들의 가정이 유지 되는 것입니다. 세상을 넓은 관점에서 보면 주는 것도 없고, 받는 것도 없습니다.

얼마 전 제 도반이 길가에 놓아둔 새 자전거를 잃어 버렸습니다. 걱정을 하는 제게 그 도반은 이렇게 말하는 것이었습니다.

"자전거는 잃어버린 게 아니야. 내가 안타면 누군가 타겠지……."

아, 그때 저는 그 도반을 새롭게 보았습니다. 자전거는 잃어버리지 않았다는 생각. 그것이 바로 도인의 생각이고, 그것이 바로 반야심경에서 말하는 불생불멸이 아닐까, 하는 생각을 해보았습니다. 그런 눈으로 세상을 보면 잃어버린 것도 없고, 얻은 것은 하나도 없습니다. 단지 나의 소유에서 다른 사람의 소유로 넘어갔을 뿐입니다. 몸도 마찬가지입니다. 사대(물, 불, 공기, 흙)가 모여 있다가 한 생을 이루고, 그 생이 다하면 다시 사대로 흩어집니다. 따라서 사람의 생(生)과 사(死)는 사대가 인연에 따라 모였다가 인연에 따라 흩어진 것으로 우주의 관점에서 보면 늘어난 것도 없고 줄어 든 것도 없습니다. 단지 모양만 달리 했을 뿐입니다. 물론 우리의 삶을 육체적 관점에서 본다는 비난이 있겠지만. 그런 의미에서 죽음은 오히려 본래로 되돌아가는 것이라고 할 수 있습니다. 죽음 앞에서 늙고 병듦은 추한 것이 아니라 본래로 돌아가기 위한 하나의 준비 과정인 것입니다. 따라서 죽음 앞에서 두려움 때문에 생에 대한 강한 집착을 가질 필요는 없습니다. 그냥 자연 현상이고 흘러가는 물결을 따라 흘러가는 것뿐이라고 생각하면 마음이 편합니다.

그렇다고 생의 의지를 가진 분들에게 손가락질을 하고자 하는 것은 아닙니다. 살 수 있으면 살아야 하겠지요. 아름다운 세상에 살면서 좋은 일하고, 아름다움을 전하고 행복할 수만 있다면 살 때까지 사는 것도 좋다고 봅니다. 그러나 죽음이 눈앞에 왔는데에도 죽음에 대한 두려움으로 조금 더 살려고 노력하는 것은 자신이나 남을 괴롭힐 수가 있기에 죽음에 대하여 다른 의미로 생각해 보자는 이야기입니다.

붓다 시대에 고타마 라는 젊은 여인이 살았는데 그녀의 첫아이가 1년 만에 죽었습니다. 절망에 빠진 그녀는 시신을 안고 아기를 되살리는 약을 달라고 거리를 미친 듯이 떠돌아다니지만 사람들은 '미쳤다'라고 손가락질을 할 뿐이었습니다. 그때 어떤 사람이 붓다에게 한번 찾아 가보라고 일러 주었습니다.

그녀는 붓다를 찾아가 아기의 시신을 보여주며, 아이를 살릴 수 있는 방법을 말해달라고 합니다. 이에 붓다는 말했습니다.

"당신의 아기를 살릴 수 있는 방법은 있습니다. 마을에 들어가서 죽음을 겪지 않은 집안이 있거든 그 집에서 겨자씨 하나만 구해 오십시오."

그녀는 큰 희망을 품고 마을에 달려가 죽음을 겪지 않은 집을 찾기 시작했습니다. 그러나 죽음을 겪지 않은 집은 하나도 없었습니다. 그녀는 깨달았습니다. 죽음은 피할 수 없는 것이라고……. 결국 아기의 죽음을 인정하였고, 수행을 결심하게 되었습니다.

과거는 없다

　우리는 가끔 과거 일을 추억하면서 그리워 하기도하고, 행복하기도하고, 화를 내기도하고, 수치심을 느끼기도 하고, 후회하기도 합니다. 과거는 우리의 삶을 형성하는 큰 틀의 한부분입니다.　우리의 생각 속에는 과거의 일이 대부분입니다. 과거의 일은 지혜가 되기도 하고, 미래를 창조하는 힘이 되기도 하지만 때로는 독이 되기도 합니다. 어떤 보살님은 10년 전에 남편이 결혼기념일을 모르고 지나갔던 일을 지금도 생각하면 화가 나서 견딜 수 없다고 했습니다. 그래서 남편에게 어떻게 복수할까 생각 중이라는 것이었습니다. 그리고 어떤 보살님은 남편이 20년여 전에 바람을 피운 것을 생각하면 지금도 문득문득 화가 치밀어 오른다고 하였습니다.

　어떤 한편으로 생각하면 그 보살님의 마음이 이해는 가지만,

어느 한편으로 생각해보면 수년전의 일 때문에 그렇게 까지 괴로워 할 필요가 있을까, 하는 생각마저 듭니다. 10년 전 결혼기념일을 모르고 지나갔다고 지금까지 복수를 생각한다든가, 20년 전에 잠깐 바람피운 것이 지금도 그렇게 괴로울까, 하는 생각이 바로 그것입니다. 하지만 의외로 상당수의 많은 사람들이 이런 터무니없는 과거의 일 때문에 스스로 고통 받는 경우가 많은 것 같습니다.

왜 그렇게 사람들은 어두운 과거에 집착하는 것일까? 그것은 아마 과거에 무관심 또는 속임을 당했던 부분이 앞으로도 계속될 것 같다는 불안감과 두려움이 자신을 계속해서 압박하고 있기 때문입니다. 그리고 그런 불안감이나 두려움이 집착 형태로 변하여 끊임없이 자기 자신을 괴롭히는 것 같습니다.

이런 어두운 과거를 기억하는 것에 대해 무조건 부정적으로 보는 견해는 옳지 않다고 봅니다. 어두운 과거를 통해 일정부분 어떤 의미나 교훈을 얻을 수 있고, 좀 더 조신하게 세상을 살아가는 원동력이 되기 때문입니다. 하지만 과거의 잘못으로 인하여 현재의 생활이 고통 받는다는 것에 대하여서는 찬성할 수가 없습니다.

과거의 일이란 이미 지나간 일이고 이미 돌이킬 수 없는 일이기 때문입니다. 위에서 말한 보살님처럼 무관심 했던 남편의 10년 전 실수는 미래의 창조적인 일로 만들 수가 없고, 20년 전에 피웠던 남편의 바람도 지금은 어떻게 할 수 없는 과거 일뿐입니다. 이미 다시 올수 없는 지나간 일을 가지고 화를 내거나, 부끄러워하거나, 괴로워하며 살아간다면 자기 자신만을 괴롭히는 일일뿐 창조적인 과거의 반추가 아닙니다. 그것 때문에 현재까지도 고통당한다는 것은 집착이라는 표현 밖에 딱히 좋은 말이 없을 것 같습니다.

사실 엄밀하게 이야기하면 과거는 없습니다. 과거를 아무리 찾아보려고 해도 과거는 찾을 수가 없습니다. 지구 안에도, 우주 안에도, 우주 밖에도 과거는 없습니다. 아무리 둘러보고 뒤져봐도 과거는 찾을 수가 없습니다. 그러면 과거는 어디에 있는가?

과거는 단지 우리들의 머릿속에서만 존재 할 뿐입니다. 누구의 머릿속에도 존재하지 않고, 내가 생각하고 내가 느낀 만큼 나의 의식 속에서만 존재할 뿐입니다. 10년 전 생일을 그냥 보낸 남편의 모습도, 20년 전 바람피운 남편의 모습도 모두 나의 머릿속에만 있을 뿐, 누구의 머릿속에 있지 않습니다. 남들은 그냥 가볍게 그 사실을 알 뿐입니다. 남들은 나의 남편이 바람피웠다고 해서 고통 받지 않습니다. 과거는 내 의식 안에서만 존재하면서 불현듯 비쳤다가 사라지는 일을 반복할 뿐입니다. 그런 없는 과거에 매달려 괴롭힘을 당하고 있다는 것은 참으로 안타까운 일입니다. 과거는 지금 여기에서 존재하지 않는데 자신만 고통 받고 있는 것입니다.

과거를 좀 더 정확하게 말하자면 과거는 환영(幻影)입니다. 실제 존재하지 않는 스크린에 잠깐 스쳐간 영화 같은 것입니다. 꿈과 같은 존재입니다. 어제 꾸었던 꿈 하고, 어제 있었던 일하고 다를 것이 무엇 있습니까. 꿈이나 어제 있었던 일이나 한번가면 영영 돌이킬 수 없는 시간의 한계성입니다. 매 순간 우리는 다시 돌이킬 수 없는 시간과 이별을 하고 있습니다. 그리고 지나간 시간은 우리의 의식 속에서만 존재하는 환영(幻影)이 되어 버리는 것입니다. 그런 환영을 가지고 괴로움 당한다는 것은 마치 꿈속에 악몽을 꾸었다고 괴로움 당하는 사람과 같습니다.

그렇게 생각하면 시간 속에 살고 있는 우리들의 삶 자체가 환영입니다. 과거도 없기에 환영(幻影)이고, 현재도 없기에 환영이고, 미래도 오지 않았기에 환영입니다. 삶이 환영이라는 것을 깨닫는 순간 우리들의 삶은 실제로 없습니다. 슬픈 영화를 보고 그 당시는 슬퍼하지만 영화라는 사실을 깨닫는 순간 현실 속에서 계속 슬퍼하지 않는 것처럼 우리들의 삶이 환영이라는 것을 깨닫는 순간 이 모든 괴로움에서 벗어날 수 있습니다. 화나는 것도 그렇고, 욕심내는 것도 그렇습니다. 많은 재물이 한갓 꿈이라고 깨닫는 순간 더 이상 더 가지려고 괴로워하지 않을 것입니다. 모든 것은 영화장면처럼 지나가게 되어 있습니다. 욕심 때문에 생겼던 집착도 지나가고 화나고 성내던 마음도 지나가게 되어 있습니다. 10년 전 무관심해서 결혼기념일을 모르고 지나갔던 일도 환영이고, 20년 전에 남편이 잠깐 바람피운 것도 환영입니다.

과거는 환영입니다. 따라서 과거는 없습니다. 없는 과거 때문에 고통 받는 것은 어리석음입니다. 과거에서 초연히 벗어나 지금 여기의 삶에 만족하며 살아야 하겠습니다.

오늘도 신비의 샘인 하루를 맞는다.

이 하루는 저 강물에 한방울이
어느 산골짝 옹달샘에 이어져 있고
아득한 푸른 바다에 이어져 있듯
과거와 미래와 현재가 하나다

이렇듯 나의 오늘은 영원속에 이어져
바로 시방 나는 그 영원을 살고 있다.

– 구상의 오늘에서 –

긴 꿈이었을까

봄을 재촉하는 비가 내립니다.

다음 주만 지나면 곧 3월이고, 봄을 알리는 매화꽃이 피기 시작하면서 지리산 어드메쯤에는 산수유 꽃이 노랗게 피기 시작할 것입니다. 봄이 온다고 특별한 일이 있을리 없지만 왠지 봄이 기다려지는 것은 아마 겨울의 무거움 때문일 것입니다. 겨울은 아무래도 중생들 입장에서 보면 춥고 힘든 계절임이 분명합니다. 난방비 걱정하는 우리 같은 서민들도 그렇지만 이 추운 겨울에 노출되어 먹을거리를 찾아 헤매는 축생들의 삶은 고달프기 짝이 없는 계절이기 때문입니다.

하지만 봄을 생각하는 이즈음에서 지난 겨울을 떠올려 무엇을 잘못하며 살았는지 반성해보는 시간을 가져 봐야 할 것 같습니다.

지난 겨울은 참으로 많은 일들이 주변에서 일어났습니다. 좋은 일도 있었고 나쁜 일도 있었습니다. 또한 사회적으로, 정치적으로, 해외에서, 시끄러운 일들도 있었고 아름다운 일도 있었습니다. 그런 일들을 곰곰이 생각하며 반추해보니 실제로 있었던 일들이 불현듯 꿈과 같다는 생각이 들었습니다. 분명히 존재한 일들이었는데 꿈속에서 있었던 일처럼 아득하게 느껴집니다. 잘못되었다고 되돌아 갈수도 없고 흑백영화처럼 단지 머릿속에서 그려질 뿐입니다. 그러고 보니 삶이라는 것은 '긴 꿈이 아닐까' 하는 생각을 해봅니다.

몇 년 전이었던가? 주말 연속극을 보다보니 주인공이었던 유동근씨가 부르는 노래가 문득 가슴에 와 닿았던 적이 있습니다. 그래서 그 노래의 근원지를 찾아보았더니 최백호씨가 부른 '길 위에서'라는 시 같은 노래 가사였습니다.

긴 꿈이었을까
저 아득한 세월이
거친 바람 속을 참 오래도 걸었네
긴 꿈이었다면 덧없게도 잊힐까
대답 없는 길을 나 외롭게 걸어왔네

푸른 잎들 돋고

새들 노래를 하던

뜰에 오색향기 어여쁜 시간은 지나고

고마웠어요

스쳐간 그 인연들

아름다웠던 추억에 웃으며 인사를 해야지

아직 나에게 시간이 남았다면

이 밤 외로운 술잔을 가득히 채우리

꿈이라는 것은 분명히 짧은 스토리가 있지만 잠에서 깨고 나면 사라져버리는 허망한 환영입니다. 우리의 삶도 그런 것이 아닐까 하는 생각이 듭니다. 지난 세월을 돌아보면 마치 꿈꾸었던 일처럼 머릿속에서만 존재하는 허망함이 느껴집니다. 그것은 곧 우리네 삶이란 곧 하나의 환영(幻影)이라는 의미입니다.

모든 것이 꿈속의 꿈같은 일입니다. 그런데 우리는 그 꿈같은 삶을 꿈으로 여기지 않고 살아갑니다. 여기에서 우리의 비극이 시작되는 것 같습니다. 만약 우리가 우리의 삶을 꿈이라고 생각하고 산다면 이렇게 더 가지려고 아귀다툼을 하며 한다던가, 더 오르려고 비극적인 삶을 선택하지 않을 것이 분명합니다. 하지만 우리는 우리의 삶을 꿈이라고 생각하지 않기에 현실이라는 비정함을 선택하여 죽고 죽이는 양육강식의 삶을 살고 있는 것입니다.

불교의 진리인 삼법인을 보면 제행무상이라는 말이 나옵니다. 모든 것이 영원하지 않다는 말입니다. 모든 것이 흘러흘러 머물 것이 없다는 말입니다. 현실을 냉철한 지혜의 눈으로 보면 현재라는 말은 없습니다. 현재라는 말을 한 순간 곧 과거가 되어버리기 때문입니다. 과거가 우리의 머릿속에만 존재하는 돌이킬 수 없는 환영이라면 그만큼 우리의 삶은 환영이라는 뜻이고 존재하지 않는다는 뜻이기도 합니다. 이처럼 존재하지 않는 우리의 삶을 존재한다고 착각하며 사는 것이 우리의 중생의 삶입니다. 이것을 절실하게 깨쳐야 할 것입니다. 이 꿈속의 삶에서 이제는 깨어나야 한다는 생각을 하며 살아야 할 것입니다.

그 이름이 토마토

어제 토마토를 시장에서 사왔는데 먹기가 별로 좋지 않습니다. 토마토가 다른 채소나 과일에 비해서 영양이 풍부하고 몸에 좋다고는 하지만 생으로 먹기에는 밋밋한 그 맛이 썩 내키지 않습니다. 그런 토마토를 어떻게 먹을까 고민하다가 토마토를 믹서기에 갈아 주스를 만들자는 결론에 이르렀습니다.

그래서 잠시 토마토를 믹서기에 갈아 컵에 옮겨 놓았습니다. 그리고 막 그것을 들이키려는 순간 문득 이런 생각이 들었습니다. 이 컵에 든 토마토는 토마토일까, 토마토가 아닐까, 하는 엉뚱한 생각이 떠오르는 것이었습니다. 모습은 달라졌을 뿐 모든 요소나 성분은 조금 전의 토마토와 다름이 없는데 이것을 토마토라고 해야 할까, 토마토가 아니라고 해야 할까, 하는 생각이 든 것입니다.

우리는 가끔 본질은 그대로 있는데 모습이 바뀐 것에 대해 그 본질을 망각하는 경우가 있습니다. 똑같은 아이스크림이라도 모습이 예쁜 아이스크림은 비싸게 팔립니다. 먹으면 그 뿐인데 모습이 예쁘다고 해서 차별을 두는 것입니다. 똑같은 상품인데도 포장지를 달리하면 그 상품이 달리보이고, 똑같은 제품이라도 메이커 딱지를 붙이면 가격이 달라집니다. 우리는 이름뿐인 껍데기에 속은 것입니다.

사실 우리들이 사는 세상은 그 본질보다도 겉으로 드러난 것들을 분별하고 집착하며 사는 경우가 대부분입니다. 내용보다도 겉모습을 중요시 하는 경우인데 취업 할 때에도 외모를 중시하는 기업들이 있다고 들었습니다. 그래서 성형외과가 방학이 되면 불티가 난다고들 하는데 어떻게 보면 좀 씁쓸한 요즘 세태의 단면 같습니다. 하지만 상(相)만 변했을 뿐 타고난 성질은 변함이 없습니다. 본질은 변하지 않았는데 모습만 변했을 뿐입니다. 성형을 했다고 해서 실력이 좋아 지는 것도 아니고, 얼굴이 변했다고 해서 타고 난 성질이 변하지는 않습니다.

인간 삶의 본질도 마찬가지입니다. 우리가 어떤 형태, 어떤 모습으로 태어나더라도 그 본질은 같습니다. 흑인으로 태어나든, 백인으로 태어나든, 황인종으로 태어나든 정상적으로 태어나든, 장애아로 태어나든, 그 이름만 있을 뿐 인간의 본질은 모두 같습니다. 먹고 싸고, 사랑하고 미워하고, 기뻐하고 슬퍼하고……

어느 나라, 어느 민족, 동서고금을 통해서도 인간의 본질은 모두 같습니다. 그래서 금강경 같은 불교 경전에서는 계속해서 상(相)보다도 본질을 보라고 말씀하고 있습니다.

"수보리야!
어떻게 생각하느냐? 삼천대천세계의 가는 먼지를 많다 하겠느냐?"
"심히 많사옵니다. 세존이시여."
"수보리야!
이 가는 먼지는 가는 먼지가 아니며 그 이름이 가는 먼지이며, 여래가 설한 세계도 세계가 아니라 이 이름이 세계이니라."
"수보리야!
어떻게 생각하느냐? 32상으로 세계를 보겠느냐?"
"아닙니다. 세존이시어! 32상으로 여래를 볼 수 없습니다. 왜냐하면 여래께서 말씀 하신 32상이 32상이 아니옵고 그 이름이 32상입니다."

금강경의 핵심을 단 두 마디로 말한다면 무상과 무주입니다. 그 중에서 무상(無相)이 금강경의 핵심인데 특히 나(我)라는 상을 가진 아상, 너 라는 상을 가진 인상(人相) 그리고 중생상과 목숨을 가진 수자상등의 4가지 상(相)을 가지지 않은 것이 보살의 모습이라고 금강경은 역설하고 있습니다. 상(相)을 가진 것은 그 이름만 있을 뿐 상(相)이 없다는 말입니다. 그러면 상(相)이란 무엇인가? 그것은 이름만 가진 껍데기 일 뿐이며 본질에서 인연에 따라 만들어진 그림자일 뿐이라는 것입니다. 따라서 상(相)이란 그 실상을 보자면 본질과 하나로 연결 되어 있습니다. 마치 토마토나 토마토를 갈아서 그 주스의 성분이 같은 것처럼 원래 하나인데 그 상만 변했을 뿐입니다. 그 이름만 토마토입니다.

우리 인간도 물질적인 측면만 생각해보면 모두다 지수화풍(地水火風)이라는 본질이 변해서 서로 다른 모습들을 만들어 놓았을 뿐인데 우리는 잘 생겼고, 못 생겼고, 예쁘고 밉고, 키가 크고 키가 작고 흑인이고 백인이고 등등 많은 차별을 하고 그것으로 인하여 평생 마음을 두고 살아갑니다. 그 모든 것은 이름만 있을 뿐입니다.

나(我)라는 상(相)만 보아도 그렇습니다. 상(相)이란 다른 말로 '이미지'라고 말 할 수 있는데, 나라는 이미지 때문에 또는 나의 체면 때문에 세상일이 괴롭고 힘듭니다. '내가 누구인데……이런 것을 하고 있어?' '내 체면에 이런 짓을 할 수 없잖아.'라고 자신을 높게 평가하거나 또는 '나는 할 수 없어' '내가 어떻게 이런 일을 할 수 있어?'라고 자신을 비하하기도 합니다. 스스로 만들어 놓은 나라는 상(相)으로 세상을 재단하며 살아갑니다.

그러나 나의 본질을 찾아보면 '나'는 도대체 없습니다. 그 이름만 있을 뿐입니다. 직업도 '나'가 아니고, 이름도 '나'가 아니고 누구의 남편, 누구의 아내, 누구의 엄마, 누구의 아들…… 그 모든 것들이 이름만 있을 뿐, 때가 되면 사라질 것들입니다. 몸도 그렇고 생각도 그렇습니다. 모두 이름만 있을 뿐 실체가 없습니다.

권력의 높고 낮음, 재산의 있음과 없음도 마찬가지입니다. 모두 이름만 있을 뿐 실체가 없습니다. 왜냐하면 높고 낮음, 있음과 없음은 언젠가 인연이 되면 사라질 것이 분명하기 때문입니다. 지금 눈앞에 보이는 부자도, 권력을 가진 사람도, 죽음 앞에 한갓 재에 불과 합니다. 높고 낮음, 있음과 없음의 본질은 공(空)입니다.

그런데 사람들은 이 이름만 있는 것을 실제로 존재하는 것으로 착각하고 원리 전도몽상해서 오늘 하루도 괴롭습니다. 인상(人相)도 마찬가지이고 중생상(衆生相), 수자상(壽子相)도 마찬가지입니다. 이름만 있을 뿐, 실체가 없는 것을 실체가 있는 것으로 착각하며 살아갑니다.

운문이 말했다.

"세계가 이렇게 넓은데 무슨 까닭으로 종소리에 칠조가사를 입느냐?"

간단한 선문답인데 참 많은 것을 생각하게 합니다. 본질은 하나인데 세상 사람들은 차별하고, 분별하면서 남과 대결하고 자신을 괴롭히며 살아가고 있습니다. 이름만 있을 뿐, 실체가 없는 것을 실체가 있는 것으로 착각하며 오늘도 더 많이 가지려고 더 높이 오르려고 발버둥 치며 살아가는 것이 오늘의 현실입니다. 모든 것이 한 집안일인데 오늘도 안팎으로 전쟁을 일삼고 있는 것입니다.

우리는 매순간 이 본질을 보려는 자세가 필요한 것 같습니다. 그 모든 것은 이름만 있을 뿐, 본질은 하나라는 자각이 필요합니다. 모든 만물의 본질은 무아(無我)입니다. 모든 만물이 '나'라는 상(相)이 없는 이름만 있는 것입니다.

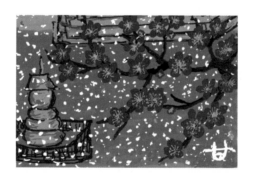

소리는 소리가 아니요,
빛은 빛이 아니다

비가 많이 내려서 들판을 나가 보니 벼들이 많이 쓰러져 있습니다. 그동안 노랗게 펼쳐진 가을들판이 참 보기가 좋았는데, 어제 밤 한꺼번에 쏟아진 비로 가을들판은 마치 구겨져버린 화폭 같았습니다. 그런 들판을 바라보며 넋 놓고 있을 농부들이 모습에 마음 한구석이 짠해 왔습니다. 그러고 보면 '우리 입에 들어오는 밥 한 공기 속에는 얼마나 많은 농부들의 노고와 마음 졸임이 담겨 있을까' 새삼 들판을 보며 생각해봅니다.

하지만, 그 밥 한 공기 속에는 농부의 노고만 있는 것이 아니었습니다. 비료를 만드는 사람의 노고도 있겠고, 모내기 또는 벼를 베는 기계를 만드는 사람의 노고도 있겠고 한걸음 더 나가면 자연의 노고는 더욱 말할 필요가 없습니다. 흙이 필요하고, 물이 필요하고, 햇빛이 필요하고, 공기가 필요합니다. 또 쌀이 밥이 되기까지 물이나, 불이, 또 밥 짓는 사람도 필요한데, 그 물을 집 안까지 들어준 사람은 누구이며, 불을 집안까지 들여다 준 사람은 누구이며, 거기에 얽힌 사람들은 얼마이며…… 수많은 사람들의 노고에 의해서 한공기의 밥이 만들어집니다. 그러고 보면 밥 한 공기에는 우주의 법계가 다 들어 있는 셈입니다. 생각해보면 생각할수록 광대하게 얽혀진 인드라망을 생각하지 않을 수 없습니다. 그것이 인연입니다.

생기는 것도 인연에 의해 생기지만 사라지는 것도 인연 따라 사라집니다. 사람들이 이 세상을 하직했을 때 '돌아갔다.' 또는 '돌아가셨다.'라고 표현하는데 그 말은 바로 근원으로 돌아갔다는 이야기입니다. 물질적으로는 지(地), 수(水),화(火), 풍(風)으로 돌아갔다는 표현 일 것입니다. 지수화풍의 인연으로 만나서 지수화풍의 인연으로 돌아간 것입니다. 이것이 모든 물질계의 모습일 것입니다.

그러면 정신세계는 온전한 하나로 형성 되었을까? 머릿속의 생각들을 찬찬히 바라보면 물질계보다 더 복잡한 인연들로 얽혀져 있습니다. 책을 읽다가도 옆의 친구가 말을 걸면, 그 인연에 대답해야하고, 뱃속에서 꼬르륵거리면 그 생각으로 인연이 닿고, 그러다가 또 금새 다른 생각하고, 또 다른 생각하고…… 찰나, 찰나, 인연, 인연이 끝없이 펼쳐집니다. 머릿속은 오히려 물질계보다 단 몇 초도 가만있지 못합니다.

이렇게 꽃 한 송이, 쌀 한 톨, 몸, 정신, 행동, 생각, 등등 심지어 티끌하나에도 서로서로 얽히어서 존재할 뿐, 홀로 존재하는 것은 없습니다. 그야말로 실체가 없습니다. 실체라는 단어를 사전에서 찾아보니 실체란, '생멸의 변화하는 배후에 있는 영원히 변하지 않는 존재'라고 이렇게 쓰여 있습니다. 하지만 앞에서 알아보았듯 영원히 변하지 않는 존재도 없고 또 홀로 자기 혼자서 존재 하는 것도 없습니다. 이것이 있기에 저것이 있고, 이것이 없으면 저것이 존재하지 못합니다. 인간이 있기에 밥이 존재하고 인간이 없으면 밥이 존재하지 않습니다. 역으로 밥이 있기에 인간이 존재하고 밥이 없으면 인간이 존재하지 않습니다. 이처럼 모든 것은 그때그때 연기에 따라서 움직이는 존재입니다. 모든 존재의 실체는 찰나 찰나의 연기에 의해 폭포처럼 흘러가는데 그것이 참 자아이며 실상입니다. 그것을 어떻게 말로 설명할 수가 없습니다.

그런데 우리는 그것들을 잊고 지냅니다. 밥 한 그릇, 옷 하나를 만들기 위해서는 이 우주법계가 움직인다는 사실을 깨닫지를 못합니다. 존재는 연기에 의해서 움직이는데 '나'는 그들과 상관없는 존재라고 생각합니다. 이것이 우리의 삶이 괴로운 이유입니다. '육체를 가진 나'는 이 우주법계와 동떨어진 소외된 독립체라고 생각하기에 자연을 함부로 하고 우리들의 인연들을 철저히 타자화해서 그들과 대립하여 살고자 합니다. 그래서 상대를 누르기 위해 경쟁하고, 싸움하고, 심지어 살인과 전쟁을 감수합니다. 그것들과 사실은 하나인데 하나라는 사실을 알지 못합니다. 그래서 괴로우며, 외롭습니다. 죽음이란 것도 사실은 원래로 돌아가는 것이기에 두려운 것이 아닌데 그 사실을 모르기에 두렵고 공포스러운 것입니다.

헤르만 헷세는 이런 말을 했습니다.

"삶은 규정할 수 없는 무수한 미립자의 투쟁이 아닐까? 실제로는 자아라는 것은 존재하지 않는다. 단순히 통일체라는 것도 존재하지 않는다. 그것은 심히 복잡한 세계, 조그마한 하나의 천체이며 모든 형식, 모든 층계, 모든 상태, 모든 전승, 모든 가능성을 포함한 혼돈이다."

모든 존재의 실체는 무상(無相)으로, 찰나찰나 연기에 의해서 흘러가는 것으로 결코 머물 수 없는 무주(無住)로, 따라서 나온 바 없는 무생(無生)으로, 무성(無性)으로 그리하여 전혀 움직이지 않는 부동(不動)으로 존재하는 것입니다. 존재한다는 말 부터도 틀린, 설명할 수 없는 그 무엇입니다.

따라서 우리도 실재하는 것처럼 보이지만 실재하지 않는 그림자입니다. 그리고 그 본질을 보면 하나일 수밖에 없다는 사실입니다.

마음을 쉬는 길

저녁 공양을 끝내고 TV를 켰는데 마침 불교방송에서는 108배를 하고 있습니다. 같이 따라 할까하다가, 조용히 명상하는 것도 괜찮을 것 같아서 허리를 곧추세우고 자리에 앉았습니다.

한 배 한 배 할 때마다 목탁소리와 함께 깊은 참회의 목소리가 들려옵니다. '미워하는 마음을 참회하며 이절을 올립니다. 원망하는 마음을 참회하며…… 욕심을 내는 마음을 참회하며, 화나는 마음, 무슨 마음 무슨 마음을 참회하며…… 그런데 그 성우의 목소리를 들으며 엉뚱하게도 문득 저는 이런 생각이 들었습니다. 이렇게 참회하자는 데 마음이란 정말 있는 것인가? 하는 생각이었습니다.

'마음이란 정말 있는 것일까?'

사실 우리는 늘 마음을 쓰며 살아갑니다. 마음 없이 하는 일이란 거의 없을 정도로 일상사가 모두 마음으로 채워졌다고 해도 과언이 아닙니다. 마음은 우리의 삶에 갖가지 사연들을 만들며 한 인간의 역사를 만들어 갑니다. '어떤 마음가짐으로 살아 가느냐?'에 따라 행복의 척도가 달라집니다. 그렇지만 행복하든, 불행하든 마음은 평생토록 우리를 마음의 노예로 삼아 우리를 지배합니다.

그런데 정작 우리는 이 마음의 정체를 잘 알지 못합니다. 항상 쓰는 마음인데 '마음이란 어떻게 생겼는지' 생각조차 않고 살아 가는 것이 우리 삶의 대부분입니다. 이 마음의 정체를 알기위해 서는 우선 마음을 지켜보는 것이 필요할 것 같습니다.

마음을 가만히 지켜보노라면 재미있는 현상이 있습니다. 이 마음이 가만있지 못한다는 사실입니다. 마치 원숭이가 한시라도 가만히 있지 못하고 이리저리 날뛰는 것처럼 이 마음이라는 놈 도 생겼다, 사라졌다, 생겼다, 사라졌다, 하면서 끊임없이 움직 이는 것을 알 수 있습니다. 좋았다가, 싫어했다가, 슬프다가, 웃 기다가, 몸으로, 입으로, 생각으로 끊임없이 분별하면서 생멸을 지속합니다. 그런데 조금 시간이 지나면 그런 마음은 곧 사라지 고 맙니다. 마치 그림자나 허깨비가 사라지는 것처럼. 그러다가 다시 어떤 대상이 나타나면 마음은 다시 움직이기 시작합니다.

마음을 자세히 들여다보노라면, 마음은 혼자 있지를 못하고 어떤 생각이나 대상이 따라 마치 거울처럼 움직인다는 사실을 알 수 있습니다. 어떤 것을 보고나, 듣거나, 맛보거나, 냄새 맡고, 만지거나 하면 거기에 반응하여 움직이지만 생각이나 대상이 없으면 마음은 움직이지 않습니다. 고요한 마음 그대로 있습니다. 마음을 찾아보고 싶어도 마음이 없습니다.

그래서 마음은 생멸하는 마음과 고요한 마음으로 나누어 졌다는 사실을 알 수 있습니다. 그런데 생멸하는 마음을 바라보면 바로 '그림자나 허깨비'와 같다는 사실을 깨달을 수 있습니다. 왜냐하면 미워하고, 화나고, 원망하는 마음은 계속 지속되지 못하고, 외부의 경계에 따라 일시적으로 나타났다가 바로 사라지기 때문입니다. 아무리 화가 나 있어도 그 화남을 오래 지속하지 못합니다. 반드시 화나는 중간에 다른 마음이 생기기 때문입니다. 그래서 생멸하는 마음은 영원히 지속할 수 없는 실체가 없는 존재라는 것을 알 수 있습니다. 마치 비온 날에 무지개처럼 생멸하는 마음은 눈에 보일 정도로 존재하는 것이지만 막상 찾아보면 없습니다. 화나고 미워하는 마음은 분명 존재하는데 그 마음의 실체를 찾아보면 없다는 사실입니다. 단지 대상에 따라 또는 인연 따라 움직였을 뿐입니다.

그리고 대상이나 생각이 없을 때는 고요한 마음한 자리를 잡습니다. 텅 빈 마음입니다. 그러다 잠시 어떤 대상이나 생각이 나타나면 이 빈 마음에서 생멸하는 마음이 나옵니다. 마치 거울에 비친 사물의 모습처럼 빈 마음에 사물이 비쳐 빨간 것이 오면 빨갛게, 파란 것이 오면 파랗게 비치는 것입니다. 그때의 인연 따라 화내기도 하고 기뻐하기도 하고 미워하기도 하는 것입니다.

'대승기신론'에서는 생멸하는 이 마음을 '심생멸'이라고 말하고, 생멸하지 않는 텅 빈 마음을 '심진여'라고 말합니다. 이 생멸하는 마음과 생멸하지 않은 마음을 다르게 말하면 업력과 본성이라고도 말 할 수 있겠습니다.

하지만 업력과 본성은 두개의 별개의 마음이 아니라, 똑 같은 하나의 마음이며, 불이(不二)라고 경전에서 말을 하고 있습니다. 흔히 경전에서는 이 관계를 바닷물과 파도의 관계로 말하기도 합니다. 파도는 바람을 만나면 출렁거리지만 여전히 바닷물이기에 서로 다른 것이 아니라는 말입니다. 여기에서 파도는 그때그때의 인연이나 업력에 따라 만들어진 생멸심이며 바닷물은 변함없는 본성이나 심진여를 비유한 말입니다. 참 어렵다고 생각할지 모르겠습니다.

하지만 마음공부는 그저 지금 여기에서 있는 그대로 마음을 지켜보는 것으로 끝이 납니다. 다시 말하면 마음을 지켜보면서 우리의 알음알이와 우리의 삶이 텅 빈 것(無性)이라는 사실을 사무치게 안다면 그 이상의 정답이 없을 것 같습니다. 한마디로 무아(無我)를 뼈저리게 체득하는 것입니다.

어떤 선사가 어느 날 법문을 통해 말씀하셨습니다.

"소리는 이 소리가 아니요, 빛은 이 빛이 아니다."

이때 어떤 스님이 물었습니다.

"어떤 것이 소리가 아닌 소리입니까?"

"빛이라 하면 되겠는가?"

"어떤 것이 빛이 아닌 도리입니까?"

"소리라 하면 되겠는가?"

이에 그 스님이 절을 하니, 선사가 말씀하셨습니다.

"말해보라. 그대에게 말을 한 것인가? 그대에게 대답을 한 것인가? 만약 누군가가 가려 낼 수가 있으면 그에게는 들어갈 곳(入處)이 있다고 허락하리라."

　무성(無性)에 무슨 빛이 있고, 소리가 있겠습니까? 모든 법은 인연에 따라 생겨나므로 제 성품이 없습니다. 그 성품 없는 법이 무명의 마음과 합하여 모습을 만들고, 이 모습에 이름을 붙여 우리들은 그 모습 없는 이름에 따라 의식이 움직이게 됩니다. 사람들은 그것에 집착하며 웃고, 울며 살아갑니다. 하지만 그 집착하는 마음을 살펴보면 정해진 성품도 없고 정해진 모습도 없어서, 결국 모든 이름과 모습은 허공과 같이 실체의 모습이 아닌 환(幻)인 것입니다. 여실히 본다는 것은 우리들 삶 자체를 환(幻)으로 보아 거기에 얽매이지 않는 자유를 얻는 것이며, 마음을 쉬는 길입니다.

나 하늘로 돌아가리

　제가 잘 알고 있는 보살님의 남편 부고를 들었습니다. 그동안 아주 건강했는데 급성 폐렴으로 병원에 입원한지 3일 만에 세상을 허망하게 떠났다는 것이었습니다. 듣는 사람도 이렇게 허망할진대 그 가족들이야 어떤 마음일까, 생각하니 답답한 생각마저 들었습니다.

　그리고 그 소식에 이어 10년 동안 아이가 없어 고생하다가 겨우 임신에 성공했다는 기쁨에 들떠있는 임산부의 이야기를 같은 장소에서 들었습니다. 한 사람은 이제 60세를 갓 넘긴 나이로 세상을 떠난 지인의 부고를 전하며 가슴 아파했고, 한사람은 임신의 기쁨을 전했습니다. 그것을 듣는 사람들은 이야기를 하는 사람들의 방향에 따라 "안됐다"라고 혀를 차다가도 "참, 잘됐다"라고 또 기뻐해주기도 했습니다. 그리고 잠시 후, 사람들은 두 이야기를 잊은 채 또 다른 일상적인 이야기를 하기 시작했습니다. 삶과 죽음이 하나의 일상이라는 듯이.

저는 그들의 이야기를 듣다가 문득 이런 생각이 들었습니다. 나서, 먹고, 자고, 일하다, 죽는 것이 인생이라는 것. 태어남과 죽음이 남의 일인 경우에는 크게 마음에 와 닿지 않는다는 것. 그리고 남의 인생은 내 인생에 비하여 단순하고 힘들어 보이지 않는다는 것.

우리가 만약 남의 인생을 보듯 나의 인생을 살아간다면 삶이 그렇게 팍팍하고 힘들지 않을 것입니다. 죽음도 그렇게 남 보듯이 그냥 일상처럼 죽음을 맞이한다면 그렇게 두려운 것이 아닐 것입니다. 그렇지만 삶과 죽음이 내 입장이 되었을 때는 상황이 달라집니다. 나의 죽음이 두려운 것은 거기에는 '남'이 아니라 '나'가 있게 때문입니다.

결국 우리가 하는 수행도 남을 위한 수행이 아니라 나를 위한 수행이라고 할 수밖에 없습니다. 그래서 '생사를 초월'하고자 하는 수행도 '나'를 없애는데 초점이 맞춰 줘야 할 것 같습니다. 왜냐하면 내가 없다면 나의 죽음도 남 보듯이 볼 수 있을 것 같고, 내가 없기에 욕심도, 성냄도, 남과의 비교도 분별도 없고, 더 나아가 삶도 없고, 죽음도 없기 때문입니다. 결국 '나' 때문에 괴롭고 '나' 때문에 삶이 힘들기 때문에 수행자들은 '나'를 없애기 위해 오늘도 방 한구석에 그 힘든 수행을 하고 있는지 모르겠습니다.

하지만 '나'를 없애려고 해서 '나'가 없어지는 것이 아닙니다. 사실은 원래부터 '나'가 없다는 것입니다. 원래 '나'가 없는데 '나'가 있다고 착각을 해서 사는 삶이 바로 우리 중생들의 삶입니다. '나'가 없기 때문에 '남'도 없고, '남'도 없기 때문에 '우리'도 없고 '우리'도 없기 때문에 세상도 없습니다. 그러나 우리는 내가 있다고 착각하고 살기 때문에 세상도 있고 괴로움도 있고 생사가 있습니다.

불교의 입장으로 보면 내가 없기 때문에 생(生)과 사(死)란 원래 없습니다. 모든 것이 인연따라 움직이기에 생과 사는 하나의 변화일 뿐, 새로 태어남도 없고, 그것으로 모든 것이 끝나는 죽음도 없습니다. 인연을 생각해보면 우리는 매일, 매 순간, 매 찰나에 죽었다, 살아났다 합니다. 한 생각 일어남이 생(生)이고, 한 생각 사라짐이 사(死)입니다. 그것은 아주 짧은 순간 같지만 단 몇 초 만에 살다 사라지는 미생물에 비한다면 아주 긴 시간입니다.

또한 인생이라는 것도 저 엄청난 우주의 시간에 비한다면 찰나에 지나지 않습니다. 우주의 입장에서 보면 우리의 삶은 죽음도 없고 삶도 없습니다. 그저 잠시의 변화가 있었을 뿐입니다. 더 크게 보면 변화도 없습니다. 달에서 태평양의 거대한 파도를 보면 태평양의 파도는 전혀 움직이지 않는 그저 파란색의 모습으로 보일 것입니다. 부동의 모습입니다. 하루의 일상도 마찬가지입니다. 오늘 하루도 수많은 생명이 태어나고, 또 수많은 생명이 죽고, 수많은 일들이 이 지구상에서 벌어지고 있지만 하루해는 아무런 일도 없듯이 여전히 뜨고 또 지고 맙니다. 그야말로 부동입니다. 태어남도 없었고, 또 사라짐도 없었습니다. 어제처럼 해는 뜨고 지고, 내일도 마찬가지 일 것입니다. 넓디 넓은 바다에 수많은 파도들이 출렁거리고 있지만 바다는 줄지도 늘어나지도 않고 오늘도 여여합니다. 그야말로 무생입니다. 태어남도 없고, 사라짐도 없습니다. 따라서 삶과 죽음이 없고, 옳고 그름도 없고 선과 악도 없고, 그저 부동입니다. 오늘 태어나고 사라지는 이 현상들은 다 헛깨비 들입니다. 어느 선사님 말씀처럼 그림자이고 메아리입니다. 업식에 따라 나타난 허공 속에 핀 꽃들입니다. 공화(空華)입니다

사자의 그림과 토끼의 그림 중에서 무엇이 무섭습니까? 혹시 사자의 그림이 더 무섭다고 할 사람이 있을지 모르겠습니다. 하지만 그림은 그림일 뿐입니다. 영화 속에서 아무리 총을 쏘고, 원자 폭탄이 투하되어도 스크린은 상하지 않습니다. 영화가 끝나면 스크린은 멀쩡합니다. 그와 같이 우리의 삶도 그림자이며 영화일 뿐입니다.

나는 존재하지 않는 헛깨비입니다. 따라서 생사도 존재하지 않습니다. 그저 있는 것은 변하지 않는 부동의 참 자아 일뿐입니다. 참 자아는 생사가 없으므로 편안합니다. 이런 사실을 깨닫는

다면 삶이 괴로움이 아니라, 삶은 즐겁고 안락한 것입니다. 영화를 보듯이 삶을 즐기기만 하면 됩니다. 공포영화도 영화라고 생각하면 재미있게 감상할 수가 있습니다.

나 하늘로 돌아가리라
새벽빛 와 닿으면 스러지는
이슬 더불어 손에 손을 잡고

나 하늘로 돌아가리라
노을빛 함께 단 둘이서
기슭에서 놀다가 구름 손짓하면은,

-천상병 귀천-

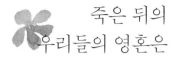 죽은 뒤의
우리들의 영혼은

　사람들의 가장 큰 관심 중에 하나가 아마 죽음일 것입니다. 죽음은 인간으로서 가졌던 그 모든 것들을 한꺼번에 가져가버리기 때문에 인간은 죽음에 관심을 가질 수밖에 없습니다. 아무리 권력과 부(富)을 가졌다고 해도 결국은 죽고, 아무리 최고의 좋은 보약을 입에 달고 살아도 죽음을 피해 갈수 없습니다. 인간으로서 가진 최후의 결말은 죽음입니다. 사는 동안 가졌던 지위나 명성도 죽음으로서 내려　놓아야 하고, 그토록 사랑하는 사람과도 완전한 이별을 해야 합니다. 따라서 죽음은 인간들로 하여금 커다란 두려움이며 견딜 수 없는 아픔이자, 공포이기도 합니다.

　따라서 사람들은 그 죽음이라는 두려움과 공포를 해결하기 위해서 나름대로의 번민과 고민을 하면서 살아갑니다. 인류학을 연구하는 학자들에 의하면 원시인들도 삶과 죽음에 대한 궁극적인 탐구의 흔적이 있다고 합니다. 그 탐구의 흔적은 원시인들의 장례식에서 찾아 볼 수 있는 데, 동굴에 묻힌 사람의 뼈가 잘 정돈 된 것이라든지, 죽음의 여행길에 필요한 도구나 음식 혹은 동반자까지 함께 묻은 흔적이 있다든지, 무덤들에서 발견되는 조각과 예술작품들이 나오는 것은 모두 삶과 죽음에 대한 탐구에서 시작된 하나의 의식에서 비롯된 것이라고 보고 있습니다.

이처럼 사람들은 아득한 옛날부터 삶과 죽음 그리고 우주의 궁극적인 문제에 대한 질문을 던지고 이에 대한 해답을 추구하며 살아 왔다고 해도 틀린 말은 아닙니다. 그런데 정작 인간은 그렇게 많은 연구와 관심에도 불구하고 죽은 뒤의 사후의 세계에 대해 전혀 알지 못합니다. 죽음 후의 세계를 우리는 경험하지 못하기 때문입니다. 단지 죽었다가 살아난 사람들의 이야기를 종합하여 죽은 뒤의 모습을 어렴풋이 짐작하거나, 또는 종교적으로 천당이나 지옥 또는 윤회와 같은 막연한 믿음으로 죽음의 세계를 짐작할 뿐입니다. 그럼에도 불구하고 죽음의 세계를 구체적으로 제시한 책이 있었으니, 그것은 바로 '티벳 사자의 서' 입니다.

이 '티벳 사자의 서'는 죽음 뒤의 영혼이 어떻게 생활하고, 어떻게 생각하며, 어떤 일이 벌어지며 어떻게 대처해야 하는지를 참으로 구체적으로 기술하고 있습니다. 그 내용들이 너무나 구체적이어서 내용이 방대하고 그 내용을 간략하게 소개할까 합니다.

호흡이 멎었을 때 사자의 의식체는 에너지 통로를 통해 순간적으로 밝아 오는 사후의 세계를 맞이하게 됩니다. 그때 사자는 최초의 투명한 빛을 체험하게 됩니다. 사자는 그 빛을 따라가야 가야만 한다고 '티벳 사자의 서'는 말을 합니다. 그 빛은 모든 것의 근원이며 진리의 몸 자체이기 때문입니다. 하지만 그 빛을 깨닫지 못하고 따라가지 못했을 경우 또 다른 빛들이 나타나고 많은 신들이 등장하게 됩니다. 사자는 또 그들을 따라가야 가야만 한다고 합니다. 그런데 사자가 또 그들과 더불어 돌아가는데 실패한다면 이제 공포의 환영들이 나타나 사자의 사지를 산산히 찢고, 심장을 꺼내고, 머리를 내동댕이 치는 괴로움을 받게 됩니다. 그리고 마침내 사자는 세상에 다시 태어나기를 원하고 어느 자궁 속으로 황급히 뛰어들게 되는데 그것이 바로 또 다른 환생의 시작이 된다고 합니다.

　하지만 이 모든 빛들과 신들의 세계 그리고 엄청난 공포의 세계가 사실은 바로 우리 자신의 마음에서 투영된 환영이라고 이 책은 수없이 강조하고 있습니다. 그것들은 실체를 가진 것들이 아니라 우리의 무의식 세계가 펼쳐 보이는 환상의 그림자라는 것입니다. 우리의 죽은 뒤의 세계도 사실은 우리 마음이 만들어 낸 환영이라는 것에 우리는 주목할 필요가 있습니다. 선지자들은 수없이 우리에게 했던 말 중에 '세상은 모두 마음이 만들어낸 환(幻) 같은 존재'라고 말을 하고 있습니다. 금강경에서는 생의 모든 현상은 꿈같고, 환 같고, 물거품 같고, 그림자 같고, 이슬 같고, 번개 불과 같으니 그대는 마땅히 그와 같이 명상해야 한다고 말을 하고 있습니다.

우리가 그토록 공포스럽게 생각하는 죽음도 결국은 우리가 만들어낸 허구와 같은 것입니다. 죽어서 49일 동안 실제처럼 경험하는 아름다운 투명한 빛과 신들의 세계도, 산산이 찢기는 공포의 경험도, 두려움에 찾게 되는 자궁속의 환생도, 그래서 다시 태어나 현실세계에서 살아가는 지금도 모두다 몽땅 마음이 만들어낸 허구, 환 같은 것임을 우리는 깨닫고, 깨달아야 할 것입니다.

어차피 삶과 죽음이 꿈이라면, 죽음에 대하여 막연한 두려움이나 공포에 떨지 말고, 날마다 좋은 날을 만들어 가야 할 것입니다. 꿈은 누가 만들어 주는 것이 아니라, 내 마음이 만든 것이기 때문에 이왕이면 좋은 꿈만 꾸며 살도록 해야 할 것입니다.

제3장

화폭위에 그림은
진한 색깔이 있다

나무에 서면
나무가 되고

우리가 수행하는 목적을 간단하게 말하면 '깨달음' 또는 '생사의 해탈'이라고 말합니다. 모든 종교의 시작과 끝은 죽음의 두려움으로부터 해방이기 때문에 깨달음을 얻어 자유를 얻고자 합니다. 다른 말로 수행의 목적은 '삶과 죽음으로부터 자유를 얻는 것'이라는 말로 풀이 할 수 있습니다. 그렇다면 그 깨달음이나 자유로운 상태란 어떤 것일까요?

제가 처음 수행을 시작할 때는 깨달음에 대한 어떤 환상도 있었습니다. 깨닫기만 하면 모든 것을 환히 알고, 사람의 운명도 꽤 뚫어 알며, 사람의 마음조차 읽을 줄 알고, 병 같은 것은 걸리지 않고, 늘 평화롭고 행복함이 주위를 감싸며⋯⋯하여간 깨닫기만 하면 그 사람은 완전한 신이 되는 줄 알았습니다. 아마 많은 사람들이 '깨달은 자'에 대한 생각이 이와 같을 것입니다. 완벽하고 완전한 사람.

 그러나 수행을 하면서 공부가 조금씩 깊어 갈수록 깨달은 사람이나 깨닫지 못한 사람이나 똑 같이 현실 속에 생로병사를 겪어야 하고, 고통도 있고 아픔도 있다는 것을 알았습니다. 물론 저 역시 완전한 구경각을 경험하지 못한 상태에서 깨달은 사람의 상태를 말한다는 것이 말도 안 되는 소리일 줄 모르나, 일단은 석가모니 부처님께서도 돌아가신 것을 생각하면 깨달은 자도 일반인처럼 생로병사가 있고, 아픔이 있다는 것은 분명합니다. 또한 옛날 조사들의 생애도 그렇고 그들의 임종도 일반인이나 별반 차이가 없을 것을 볼 때 깨달은 자나 일반인이나 생로병사는 다 똑같은 적용 되는 것 같습니다.

 그렇다면 깨달은 자가 일반인과 다른 것은 무엇일까요?

 그것은 다름 아닌 마음의 차이가 아닐까, 생각합니다. 일반인들은 현실에 휘둘려 마음을 어떻게 할지모르고 희노애락의 고통 속에서 살아가지만, 깨달은 자는 현실에 휘둘리지 않고 마음을 쉴 수 있고, 진여의 지혜로 지금 여기에서 어디에도 걸림 없는 사람, 무주(無住) 상태로 살아가는 사람입니다. 따라서 일반인들이 생각하는 높낮이나, 많고 적음이나, 이런 이원적 분별적인 집착에서 벗어나 마음이 자유로운 사람입니다. 이것이 일반인과 깨달은 사람과의 차이입니다.

나무와 같이 서면 나무가 되고

돌과 같이 앉으면 돌이 되고

흐르는 냇물에 흘러서

자국은 있는데

타는 놀에 가고 없다.

-김광섭의 '시인' 중에서-

한마디로 깨달은 사람은 마음속에 장애가 없는 사람일 것입니다. 나무와 같이 서면 나무가 되고, 돌과 같이 앉으면 돌이 되고…… 아픔이 오면 아픔이 되고, 고통이 오면 고통이 되어서…… 마음의 평화를 얻는 사람이 깨달은 사람이라고 할 수 있습니다. 생각만 해도 멋지지 않습니까? 어떤 것에도 걸림이 없는 사람. 금강경의 응무소주 이생기심의 마음으로 어느 것이든 머무름이 없는 사람. 머무름이 없어, 집착이 없어 자유로운 사람. 결국 깨달은 사람과 보통 일반인의 차이는 삶에 집착을 하느냐, 집착을 하지 않느냐의 차이 일뿐, 사는 것은 똑 같습니다. 어찌 보면 깨달음이란 참 간단하고 별 볼일 없이 느껴지기도 합니다.

그러나 집착 없이 산다는 것- 그것 그렇게 간단하지가 않습니다. 보통의 사람들은 고통이 오면 그 고통 때문에 어쩔 줄 몰라 합니다. 미움, 질투, 시기, 죽음, 이별, 낙오, 아픔등 부정적인 사건들이 마음속에 파고들면 많은 사람들이 그것들로 인해 마음이 휘둘리게 되고, 고통을 받고 어쩔 줄 몰라 합니다. 그러나 그 고통들도 그것들을 길게 넓게 보면 하나의 연기의 흐름인데, 보통 사람들은 그 통찰 능력이 없기에 한 사건이 일어나면 거기에 집착하여 헤어 나올 줄 모릅니다. 어떤 사람을 미워하면 그 미워함에 잡착하여 고통을 받고 괴로워합니다. 미움을 바로보고 그 미움이 왜 생겼는지 그 마음을 바라보면 그 미움에서 빠져 나올 수 있는 데 보통 사람들은 전혀 그렇지 못해 고통 받습니다.

하지만 깨달은 자는 어떤 미움이 생겼을 때, 미움을 바라보고 그 미움이라는 마음의 성품은 없다는 것을 알고 미움에서 빠져 나옵니다. 물론 미움이라는 마음이 생겼을 때 즉각적으로 미움에서 빠져나오는 힘이 있는 것이 깨달은 사람의 모습입니다. 생사의 모습도 마찬가지 입니다. 이미 연기에 의해서 생사가 없음을 깨달았기에 죽음이라고 해도 크게 두려울 게 없을 것입니다. 그저 죽음도 연기에 의해 변해 갈 뿐입니다. 순간순간 마음도 변하고 몸도 변하듯이 그 흐름 속에 죽음의 순간도 맞이하고 그렇게 변해갈 뿐, 달라지는 것은 하나도 없습니다. 사라지는 것도 없고 새로 생기는 것도 없습니다. 그러기에 죽음을 두려워 할 필요가 없습니다. 그저 여여하게 흐르게 놓아두면 됩니다.

나무와 같이 서면 나무가 되고, 돌과 같이 앉으면 돌이 되면 됩니다. 인과에 얽매이지 않습니다.

백장 화상이 설법할 때면 항상 한 노인이 와서 대중과 함께 법을 듣고 대중이 물러가면 함께 물러가고는 했습니다. 그런데 어느 날은 대중이 물러가도 노인은 물러가지 않았습니다. 그래서 백장 화상이 노인에게 물었습니다.

　"앞에 있는 사람은 어떤 사람인가?"

　노인이 주저하다가 대답했습니다.

　"네. 저는 사람이 아니옵니다. 과거 가섭불 때에 일찍이 이 산중을 지키던 수행자인데 어느 날 어떤 학인이 와서 묻기를 '깨달은 사람도 인과에 떨어집니까?'하고 물어 왔습니다. 그때 제가 대답하기를 '인과에 떨어지지 않느니라.'라고 대답 하였습니다. 이로 인하여 저는 5백생 동안 여우 몸을 받고 지금껏 해탈하지 못하고 있사오니 바라옵건데 화상께서 저를 대신하여 한 말씀 해주시어 여우 몸을 벗어나게 해주십시오."

　그러자 화상께서는 노인에게 그 질문을 다시 하라고 했습니다. 그 말을 들은 노인은 화상께 물었습니다.

　"깨달은 사람은 인과에 떨어지는 일이 있습니까, 없습니까?"

　화상이 대답하였습니다.

　"인과에 얽매이지 않느니라."

　노인은 그 말을 듣고 대오하여 절을 하고 말하였습니다.

　"이제 저는 여우 몸을 벗어났습니다. 화상께 감히 거듭 청하오니, 제가 뒷산에 묻혔사오니 중의 죽은 절차로 장례를 지내주시면 감사하겠습니다."

　이에 화상은 대중들을 거느리고 뒷산에 이르러 한 바위 밑에서 죽은 여우를 찾아 냈습니다. 그리고 곧 화장을 했습니다.

　밤이 되자 백장화상이 상당하여 노인 이야기를 꺼냈습니다. 이때 황벽이 화상에게 물었습니다.

　"옛 사람이 한마디를 잘못 가르쳐서 5백 생 동안 여우의 몸을 받았는데 만약 잘못 이르지 않았더라면 무엇이 되었겠습니까?"

　화상이 말씀하셨습니다.

　"가까이 오너라. 너에게 일러주마!"

　황벽이 가까이 다가가니 화상의 뺨을 내리치고, 손뼉을 치며 웃으면서 말하였다.

　"오랑케 수염이 붉은 줄만 알았더니, 또한 붉은 수염의 오랑케도 있구나!"

흔들리지 않고 피는 꽃이
어디 있으랴

지난 삶을 조용히 반추해보면 어느 것 하나 소중하지 않은 것이 없는 것 같습니다. 행복한 순간은 행복한 대로 의미가 있으며, 절망은 절망대로 의미가 있었던 것 같습니다. 의미를 넘어 행복이나 절망은 삶에 꼭 필요한 요소라고 생각되어 집니다.

사람이면 누구나 절망의 순간을 맞이하고 싶지 않겠지만 시간이 지나고 그 순간을 되돌아 볼 나이가 되면, 그 어둠과 아픔들이 얼마나 자신을 성장 시켰는지 알 수가 있습니다. 대학교를 떨어져 재수를 할 때, 취업이 안 되어 안타까운 시간을 보낼 때, 부모님이 돌아가셨을 때, 직장에서 맞이한 작고 큰 부딪침의 순간들……. 정말 옛날 어른들이 하시던 말대로 하면 누구나 소설 한편이 나올 듯한 인생들입니다. '평계 없는 무덤 없다'고 누구나 제 나름대로 사연이 있고, 누구나 인생을 살면서 작고 큰 차이가 있겠지만 희노애락의 삶이 있습니다. 누구라도 예외는 없습니다. 겉으로 보기에는 괜찮은 것 같은데 알고 보면 그 나름의 절망도 있고 아픔이 있기 마련입니다. 인간이기에 어쩔 수 없습니다.

흔들리지 않고 피는 꽃이 어디 있으랴
이 세상 그 어떤 아름다운 꽃들도
다 흔들리면서 피었나니
흔들리면서 줄기를 곧게 세웠나니
흔들리지 않고 가는 사랑이 어디 있으랴

젖지 않고 피는 꽃이 어디 있으랴
이 세상 그 어떤 빛나는 꽃들도
다 젖으며 젖으며 피었나니
바람과 비에 젖으며 꽃잎 따뜻하게 피웠나니
젖지 않고 가는 삶이 어디 있으랴

도종환 시인의 '흔들리며 피는 꽃'처럼 인생은 정말 아프지 않은 삶이 없습니다. 겉으로는 편안하고 행복한 것 같아도, 그 집 사정을 알고 보면 나름의 이유로 인하여 온 가족이 고통 받는 경우도 있습니다. 어떤 사람, 어느 집, 어느 가정도 이런 절망과 고통을 피해 갈 수 없습니다. 윤회에 의해서 인간으로 태어난 이상, 운명처럼 이 고통과 아픔을 받아드려야 합니다.1

그러나 세월이 흘러 그 절망을 되돌아보면, 기쁨이나 행복보다도 그 절망과 아픔이 소중한 자산으로 자신을 깨우치고 있다는 사실을 알게 됩니다. 물론 아픔을 아픔으로 알고 끝나버리면 그 깨달음을 알지 못하겠지만, 절망과 아픔을 조용히 곱씹어보면 그것은 어느 것보다 훌륭한 교훈으로 자신을 가르쳐 왔다는 사실을 알게 됩니다. 절망은 겸손을 가르쳐 주기도 하고, 삶을 좀 더 냉정하게 볼 수 있는 기회를 주기도 하고, 한 도약 전진하기 위한 발판의 단계로 삼기도 합니다. 마치 자동차의 브레이크와 엑셀의 역할과 같은 것입니다. 자동차에 엑셀만 있고, 브레이크가 없다면 그 자동차는 곧 어딘가에 부딪쳐 사고를 낼 것이 뻔합니다. 브레이크가 있기에 안전하게 운전을 하고 있는 것입니다. 그처럼 인생의 브레이크가 있기에 삶을 되돌아보고 교훈을 얻고, 교만하지 않는 것입니다.

그러고 보면 이 세상에 가치 없는 것은 하나도 없는 것 같습니다. 마치 동화 '강아지 똥'에서 나오는 것처럼 이리저리 굴러다니는 천한 똥이지만 그 속에는 새로운 생명의 씨를 품고 있는 경우도 있습니다. 비록 좋은 않은 일이라 할지라도 거기에는 나름의 가치를 품고 있는 것입니다. 강아지 똥이기에 전혀 가치 없을 것이라는 말을 무색하게 합니다.

사람들은 가끔 자신이 가치 없다는 생각을 할 때도 있고, 어떤 실수나 잘못으로 인하여 고통 받을 때가 있습니다. 그리고 자신을 비하하고 열등감에 사로잡혀 인생을 괴로워하기도 합니다.

'왜, 나만 이럴까?'

이런 생각은 불행하게 태어났거나 특히 불치병이나 장애를 겪고 있는 사람들이 많이 가지고 있는 생각일 것입니다. 이런 생각들은 자기 자신을 더욱 비참하게 만들 뿐입니다. 그런 부정적인 생각을 딛고 오히려 감사의 생활로 바꾼 예는 우리 주변에 너무 많이 있습니다. 얼마 전에 어떤 시각장애인은 비록 앞을 못 보지만 특이하게 발달 된 자기의 손 감각에 감사하고, 그 감각으로 돈도 벌 수 있고 봉사활동을 할 수 있어서 진정으로 기쁘다는 말을 텔레비전을 통해 들었습니다. 자기의 최대의 약점을 긍정적으로 바꾼 예입니다. '나만 왜 이럴까?'란 자기비하적인 생각은 버려야 합니다.

하지만 불제자의 입장으로 보면 고통과 아픔도 그리고 열등의식도 자기 비하도 결국 자기 마음이 만든 것이라고 봅니다. 한마디로 망상이고 망식이라는 것이지요. 이 삶 자체가 그림자인데 그림자에 무슨 아픔이 있고, 고통이 있고, 열등의식이 있겠습니까? 모두가 아눅다라 삼막삼보리 즉 절대평등의 속에 존재합니다. 거기에는 높낮이고 없고, 부자도 가난도 없고, 많고 적음도 없고, 삶과 죽음도 없고, 나와 너도 없는 절대평등의 세계입니다. 거기에 우리가 존재하는 것입니다.

하지만 수행이 깊지 않는 보통의 사람들은 이 사실을 깨닫지 못하고 있습니다. 현실이 분명하게 존재하고 있기 때문입니다. 이런 현실 속에서 삶을 지혜롭게 살아가기 위해서는 부정보다는 긍정하는 마음을 가져야 합니다. 고통이나 아픔이나 절망을 주는 요소들을 슬기롭게 지혜로 활용해야 합니다. 그것은 '세상에 가치 없는 것은 없다'라는 사실을 분명하게 깨닫고, 자신에게 닥친 약점을 최대한의 긍정적인 요소로 이용하는 것입니다. 고통 속에 기쁨의 요소를 발견하고, 실패 속에 성공의 요소를 찾아보고, 절망 속에 희망의 씨앗을 찾아보는 것입니다. 그러다보면 분명 마치 동화 강아지 똥처럼 그 속에 생명의 씨앗이 발견 될 것입니다. 그리하여 먼 훗날 '아, 그것이 이렇게 나를 성장시켰구나.' 하고 회심의 미소를 지어보아야 합니다.

세상에 가치가 없다고 하는 것은 하나도 없습니다. 모두 그 나름대로 소중하고 보배로운 것들입니다.

지나친 사랑

　사람이 살아가면서 가장 아름다운 마음은 사랑일 것입니다. 우리민족의 전통적인 정서 속에서 사랑은 '애정'이라는 말과 거의 통하는 동의어라고도 말 할 수 있습니다. 이 애정 속에는 따뜻함, 애뜻함, 보살핌, 베품, 나눔 같은 정서가 포함되어 있는데 전통사회의 한국에서는 '사랑'이라는 표현 보다는 오히려 '정'이라는 표현이 보다 더 친숙하게 다가오는 것 같습니다.

　사랑은 가족 간의 사랑, 남녀 간의 사랑, 스승과 제자의 사랑, 친구간의 사랑 등, 사랑의 종류는 참 많습니다. 그래서 모든 드라마나 영화의 테마는 이 사랑을 빼놓고 말을 할 수가 없습니다. 노래도 마찬가지입니다. 전 세계적으로 유명한 대중가요는 이 '사랑'을 빼놓지 노래가 되지 않으며, 이 사랑을 통하여 많은 사람들의 심금을 울리기도 합니다.

사랑은 삶을 지탱하는 힘이기도 합니다. 사람이 살아가면서 사랑이 없는 세상은 사막과도 같이 황량하고 고단하여 고통만이 존재할 것입니다. 사랑이 있기에 세상이 아무리 고통스러워도 살아가는 힘을 그 사랑 속에서 얻고 삶의 동력을 찾는 것입니다. 그만큼 사랑이란 크고 위대한 마음입니다.

하지만 이렇게 좋은 사랑도 넘치면 독이 됩니다. 세상에서 가장 숭고하다는 부모의 사랑도 지나치면 독이 되어 자식을 나약하게 만들고 자식의 장래를 망치게 됩니다. 과보호, 과도한 사랑은 마치 온실 속의 식물들처럼 연약하게 만들어 버리는 것입니다.

얼마 전, TV에서 뚱뚱한 어느 처녀에 대한 이야기가 나왔습니다. 그 처녀는 어린 시절에 아주 날씬한 몸매였는데 나이 30이 된 당시의 몸무게가 130Kg로서 스스로 자신을 방에 가두어 버린 사람이었습니다. 물론 그렇게 만든 것은 본인이겠지만 그에게 많은 음식을 제공한 부모의 잘못도 크다고 봅니다. 음식을 맛있게 먹는 자식만 예쁘지, 자식의 장래를 생각하지 못한 그 부모의 과도한 사랑이 잘못이라 봅니다. 아무리 자식이 맛있게 먹어도 자식의 장래를 생각하면 그렇게 음식을 제공해서는 안 되는 것이었습니다. 결국 부모의 과도한 사랑이 자식을 가두게 만들었고 세상을 등지게 만들어 버린 것이었습니다.

저도 예전에 그런 적이 있었습니다. 꽤 오래전에 제가 나무를 좋아하여 조그마한 땅을 사서 나무를 심은 적이 있었습니다. 나무를 심었던 시기는 이미 식목일을 지난 4월 하순경이었는데, 묘목도 아닌 파란 잎사귀가 달린 오년 생 감나무 네그루를 그저 빨리 크기만을 생각하며 무리하게 옮겨 심었습니다.

그리고 매일 오늘은 얼마나 자랐을까? 얼마만큼 오늘은 새순이 나왔을까? 매일, 아침저녁으로 마치 갓 태어난 갓난아이를 보는 엄마처럼 신기하고 경이로운 마음으로 나무 곁에 맴돌았습니다. 처음 나무를 심어 보았고, 처음 나무를 가꾸는 것이기에 나의 관심은 온통 그 나무에만 있었습니다. 그것은 설레임이었고, 하루의 행복이었습니다.

그러나 매일 보아도 나무는 똑 같았습니다. 이파리 역시 늘 같은 모양 이었습니다. 나무를 심기만 하면 뭔가 쑥쑥 자랄 줄만 알았는데, 며칠이 지나도 나무는 늘 그 모양 이었습니다. 왜 이렇게 자라지 않는 거야. 답답한 마음에 매일 같이 물을 주고 거름을 주고 심지어 빨리 먹고 자라라고 비료를 뿌리 가까이 엄청 뿌려댔습니다.

그 모습을 보다 못한 이웃집 분이 '이식한 나무에는 비료가 좋지 않다'라고 두어 차례 충고를 건네 왔었습니다. 하지만 나는 그 말을 건성으로 들을 뿐, 여전히 거름도 하고 몇 차례 비료를 부려 댔습니다. 당연히 거름이나 비료는 뿌리 가까이 있어야 그

것을 흡수 할 수 있을 거라는 생각을 하면서.

그런데 그런 나의 정성에도 감나무들은 어찌 된 일인지 차츰 시들어 갔습니다. 엉성하게 달린 이파리는 윤기도 없었고, 있다고 해야 다른 집 감나무들에 비해 이파리들이 형편없이 작더니 급기야 여름이 채 가기도 전에 나무들은 모두 죽어버리고 말았습니다. 나의 고통과 허무는 말로 표현 할 수가 없었다. 나의 소중한 생명이 내 눈 앞에서 차츰 죽어 가는 모습을 본다는 것은 고통 그 이상의 것이었습니다. 그러나 그때까지도 나는 나무에 대한 나의 그 무식함과 욕심을 미처 깨닫지 못하고 있었습니다.

다음해 봄, 나는 다시 나무들을 몽땅 사들였습니다. 사과나무, 배나무, 감나무, 매실, 살구, 앵두, 모과, 석류 등을 비롯한 유실나무와 산딸나무, 이팝, 단풍, 싸리, 철쭉, 목련, 남전, 마가목 등 나무 등을 심을 곳을 생각해 보지도 않고, 욕심껏 사들였습니다. 빨리 키우고 싶은 마음에 묘목도 아닌 3~4년생 나무들을 사서 흙이 보이는 곳이면 무조건 나무들을 심었습니다. 앞으로 나무가 어떻게 자랄 것인지, 나뭇가지가 어떻게 뻗어 나갈 것인지도 생각지도 않은 채, 울창한 숲을 만들겠다는 욕심에만 매달려 무지스럽게도 나무들을 심었습니다.

결국 나무들을 너무 밀식한 관계로 한 두 해가 지나면서 나무들은 차츰 죽어갔고, 또다시 그 나무들을 다른 곳으로 이식해야

만 했습니다. 그 만큼 나는 편히 있어야 할 나무들을 참으로 많이 괴롭혔고, 그들의 생명을 빼앗은 것이었습니다. 그리고 그렇게 하고 나서야 나의 욕심과 무지가 얼마나 다른 생명들을 힘들게 하는지를 깨달을 수 있었습니다.

욕심과 무지!
어쩌면 욕심과 무지는 같은 선상에 있는지 모릅니다. 무지하기에 욕심을 내고, 욕심을 낸다는 것은 무지하기 때문인지 모릅니다. 내가 욕심을 조금 덜 내고, 성급하지 않았다면, 그리고 나무들에 대해 충분히 알고 나무들을 가꾸었더라면, 내가 그토록 정성을 들인 나무들이 힘들지 않았을지도 모릅니다.

사람도 마찬가지인 것 같습니다. 나무도 지나친 사랑과 관심은 죽음을 가져오는데 하물며 생각하는 동물인 인간은 어떠하겠습니까? 지나친 사랑은 그것은 사랑이 아니라, 집착입니다. 불도 적당한 거리에서 쪼여야 따뜻하고 좋은 법입니다. 너무나 멀리 있으면 춥고, 너무나 가까이 있으면 타기 쉽습니다. 적당한 거리를 모르는 무지 때문에 사랑에 집착하고, 사랑에 집착하는 것은 무지하기 때문인지도 모릅니다. 적당한 거리에서의 사랑은 아름다운 것입니다.

그걸 내 마음이라고 부르면 안 되나

토란잎이 간지럽다고 흔들어 대면

궁글궁글 투명한 리듬에 빚어 내는 물방울의 둥근 표정

토란잎이 잠자면 그 배꼽 위에

하늘 빛깔로 함께 자고선

토란잎이 물방울을 털어 내기도 전에

먼저 알고 흔적 없어지는 그 자취를

그 마음을 사랑이라고 부르면 안되나.

-토란잎이 궁그는 물방울 같이는 복효근 -

사랑하는 사람의 마음을 헤아려서 그가 싫다고 하기 전에, 먼저 그 마음을 알고 흔적 없이 사라져 주는 그 마음을 사랑이라고 표현한 시인의 마음이 정말 아름답습니다.

진정한 방하착放下着

가끔 뱃전에 서서 포말을 일으키며 일어났다가 사라지는 물보라들을 바라보고 있노라면 꼭 그것이 우리네 삶 같다는 생각을 해봅니다. 우리가 기억하는 시간이라는 것도 그 포말과 같다는 생각이 들기 때문입니다. 뱃전의 포말은 한바탕 포말이 일어났다가 잠시 시간이 지나면 언제 그랬냐는 듯 사라지고 맙니다. 우리가 사용하는 시간도 현재에 잠시 삶에 들끓다가도 시간이 지나면 언제 그랬냐는 듯 현재의 우리의 삶은 사라지고 맙니다. 현재는 과거가 되고, 과거는 그냥 오직 우리의 머릿속에만 존재할 뿐 우리의 삶은 어디에도 존재하지 않습니다. 포말처럼 사라지고 만 것입니다.

그런데 사람들은 이미 지나가버린 존재하지 않는 과거 때문에 괴로워하고 아파하기도 합니다. 기억의 잔상 때문입니다. 지우려고 해도 지워지지 않는 기억의 잔상이 현실의 삶에 나타나 현재를 괴롭히기 때문입니다. 현재를 괴롭히는 것은 과거에 대한 잔상과 그 집착입니다. 그런데 기억의 잔상이 아무리 강하다고 해도 그것을 물 흐름처럼 떠나보내는 힘이 있다면 우리를 아프게 했던 그 기억은 더 이상 우리를 그처럼 괴롭히지 못할 것입니다. 그 물 흐름처럼 떠나보내는 힘이 바로 방하착입니다. 방하착이란 "집착하는 마음을 내려 놓아라", 또는 "마음을 편하게 가지라"는 뜻입니다. 과거는 이미 존재하지 않는데 거기에 매달려 괴로움을 당하는 것은 어리석음입니다.

어느 인터넷에 실린 이야기인데 방하착에 대하여 잘 설명하고 있는 것 같아 여기에 잠시 실어봅니다.

한 스님이 탁발을 하러 길을 떠났는데, 산세가 험한 가파른 절벽 근처를 지나게 되었습니다. 그때 갑자기 절벽 아래서 "사람 살려!"라는 절박한 소리가 실낱같이 들려왔습니다. 소리가 들려오는 절벽 밑을 내려다보니 어떤 사람이 실족을 했는지 절벽으로 굴러 떨어지면서 다행히 나뭇가지를 붙잡고 대롱대롱 매달려 살려달라고 발버둥을 치고 있는 것이었습니다.

"이게 어떻게 된 영문이오?"라고, 스님이 물어보니 다급한 대답이 들려왔습니다.

"사실은 나는 앞을 못 보는 봉사올시다. 산 너머 마을로 양식을 얻으러 가던 중 발을 헛디뎌 낭떠러지로 굴러 떨어졌는데, 다행히 이렇게 나뭇가지를 붙잡고 구사일생으로 살아 있으니 뉘신지 모르오나 어서 속히 나 좀 구해주십시오. 이제 힘이 빠져서 곧 죽을 지경이오!"

스님이 자세히 아래를 살펴보니 그 장님이 붙잡고 매달려 있는 나뭇가지는 땅 바닥에서 겨우 사람 키 하나 정도 위에 있었습니다. 뛰어 내려도 다치지 않을 정도의 위치였던 것입니다. 그래서 스님이 장님에게 외쳤습니다.

"지금 잡고 있는 나뭇가지를 그냥 놓아 버리시오. 그러면 더이상 힘 안들이고 편안해 질 수 있소!"

그러자, 절벽 밑에서 봉사가 애처롭게 애원했습니다.

"내가 지금 이 나뭇가지를 놓아버리면 천길 만길 낭떠러지로 떨어져 즉사할 것인데, 앞 못 보는 이 사람을 불쌍히 여기시어 제발 나 좀 살려주시오~"라고 애걸복걸 했습니다. 그러나 스님은 봉사의 애원에도 불구하고 살고 싶으면 당장 그 손을 놓으라고 계속 소리쳤습니다. 그런 와중에 힘이 빠진 봉사가 손을 놓자 땅 밑으로 툭 떨어지며 가볍게 엉덩방아를 찧었습니다. 잠시 정신을 차리고 몸을 가다듬은 장님은 졸지에 벌어졌던 어처구니없는 상황을 파악하고 멋쩍어 하며 인사치례도 잊은 채 황급히 자리를 떠났습니다.

우리들의 과거에 대한 집착도 이와 같습니다. 놓아버리면 살 것인데 놓지 못하고 거기에 계속 매달려 힘들어합니다. 지나버린 일들에 대하여 분노하고, 후회하고, 아쉬워하면서 삽니다. 그러면서 스스로 고통 받습니다. 스스로 자기 자신을 포승줄로 묶고 그리고 고통스러워합니다. 누가 묶은 것이 아닙니다. 생각 안해도 될 것을 스스로 생각해내고 고통 받습니다. 놓아버리면 될 것인데 놓지를 못합니다. 과거에 대한 집착 때문입니다. 과거에 대한 집착 뿐 만아니라 현재에 대한 삶도 아무런 쓸모도 없는 것에 욕심을 부리며 나뭇가지를 붙잡고 살려달라고 애원하는 그 장님처럼 놓지를 못하고 발버둥 칩니다. 수많은 스승들과 선지자들은 '놓으라고, 놓는 것이 네가 실길'이라고, 아무리 말을 해도 중생들은 놓지를 못하고 괴로움당하고 있습니다.

우주는 인연법에 의해 생멸을 계속합니다. 지금 우리 눈에는 변화하지 않는 것처럼 보이는 것들조차도 즉 무생물조차도 지금 그 내부의 원자를 보면 이 순간에 변화하고 있고 움직이고 있습니다. 이 우주 전체가 계속해서 살아 움직이고 있으며 흘러 흘러가고 있습니다. 멈춰 있는 것은 하나도 없습니다. 무주(無住)입니다. 어디로 흘러가는지는 모르지만 머무름 없이 흘러가고 있습니다. 찰나찰나 그때그때의 인연을 만나 흘러가고 있는 것입니다. 법(法)와 내(我)가 만나 시방세계에 흘러가고 있습니다.

모든 것을 인연이라고 생각한다면 용서하지 못할 만큼의 괴로움도 없고, 아픔도 없습니다. 그저 그때의 인연이 안 좋았을 뿐이었습니다. 그 안 좋은 인연도 흘러가면 그뿐 입니다. 냇물이 흘러가면서 바위라는 장애를 만나기도 하고, 낭떠러지에 떨어져 폭포가 되기도 합니다. 그러나 냇물은 그저 흐를 뿐입니다. 바위를 만났다고 짜증내지 않으며 낭떠러지에 떨어지게 되었다고 화를 내지 않습니다. 그저 흘러갈 뿐입니다.

　그런 냇물처럼 우리들의 인연도 나쁜 인연, 좋은 인연을 만나면서 그렇게 흘러갈 뿐입니다. 어떤 안 좋은 일이 생기면 '안 좋은 인연을 만났구나.' 생각하고, 좋은 일이 생겼으면 '아 좋은 인연을 만났구나.' 라고 생각하고, 그런데 '이 인연도 곧 가겠구나.' 생각하면 좋은 것도 나쁜 것도 그때뿐이라는 것을 알게 됩니다. 이렇게 생각하면 이해하지 못할 것은 아무것도 없습니다. 우리의 모든 것을 물 흐름에 턱 맡기고 살면 됩니다. 한마디로 마음을 턱 놓고 살자는 이야기입니다. 세상은 영원한 것은 없고, 영원하기를 집착할 것도 없습니다. 집착한다고 해도 머물러 있는 것은 아무것도 없습니다. 나이 들면 아프고, 늙고, 보기 싫고, 그럽니다. 아무리 당대의 최고의 미인도 나이 들면 당연히 아프고, 늙고, 보기 싫어집니다. 모든 것을 세월의 흐름에 맡기고 마음을 턱 놓고 살면 됩니다.

　마음을 턱 놓고 산다는 것은 그렇게 스스로 묶었던 포승줄을 풀고 자유롭게 살자는 것입니다. 우리 머릿속에 그려진 아픔이나 기억, 고정관념, 욕심 집착에서 벗어나 그때그때 거기에 맞추어서 즐겁게 살자는 이야기입니다. 그것이 방하착(放下着)입니다.

그런데 내가 없고 법도 없으면 이런 인연도 없습니다. 그 인연이라는 것도 사실은 말짱 헛것입니다. 왜냐하면 나라고 생각하는 이 나(我)가 실체가 없는 무수한 인연에 의해 만들어진 무아(無我)인 것을 알고, 법도 무수한 인연에 의해 만들어진 실체가 없는 빈 것이라는 것을 알면 그 인연이라는 것도 말짱 없는 것입니다. 이렇게 되면 냇물이 흘러가도 흘러가는 것이 아니며, 그렇다고 흐르지 않은 것도 아닙니다.

그러기에 원망하는 마음도 없고, 미워하는 마음도 없고, 좋아하는 마음도 없는 것입니다. 아예 마음 자체가 텅 비어버린 무성(無性)인 것입니다. 따라서 사실은 방하착도 없습니다. 모두다 착각이고, 그림자이고, 꿈일 뿐입니다. 이 없는 것을 아는 것, 그것이 마음인데 그 마음을 탁 깨우쳐서 생활 속에서 그대로 행하는 것이 진정한 방하착(放下着)입니다.

욕심은 자기 자신을 가두는 일입니다. 감옥을 아무리 황금으로 만들었다 해도 그곳에서 살고 싶어 하는 사람은 없을 것입니다. 물고기가 필요한 것은 물이듯 새에게 필요한 것은 창공을 마음 놓고 훨훨 날아다는 자유일 것입니다.

나를 스스로
자유롭게 하는 것

일본에 아주 유명한 검객이 있었습니다. 이 검객은 자기 스스로 최고 검객이라고 생각해서 전국을 돌아다니며 이름났다고 하는 검객들과 검술을 시합을 벌입니다. 실력이 너무 뛰어났기 때문에 거의 모든 시합에서 상대를 제압하기도 하고, 죽이기도 합니다. 그런데 어느 날 이름 없는 검객을 만나 철저하게 패하고 맙니다. 이에 화가 난 이 검객은 스스로 부족함을 깨닫고 깊은 산속에 들어가 검술 수련에 매진합니다.

그러나 아이러니하게도 이 검객은 수련이 깊어갈 수록 차츰 검에 대해 잊혀져갑니다. 칼도 버려버립니다. 옛날 그 날카롭고 험한 인상의 그 사람은 아주 평범한 촌부로 변합니다. 산속에서 알고 지내던 사람들은 그런 그를 '칼을 잊은 도인'이라 부르며 친근한 이웃처럼 지냅니다.

그러던 어느 날 그를 아는 지인이 그 지방 장관으로 임명되어 그를 집으로 초대합니다. 촌부처럼 평범하게 찾아간 그는 그 장관의 집에 있는 칼을 보며 묻습니다.

"이게 뭐에 쓰는 것인가요?"

제가 꽤 오래전에 읽었던 소설인데 다른 소설의 줄거리는 다 잊혀졌지만 이상하게 그 소설은 제 마음 속에서 화두처럼 잊혀지지 않습니다. 가끔 수행하는 나를 되돌아 보며 떠올리는 이야기 입니다

'그 유명했던 검객이 칼을 잊어버릴 정도의 단계란 어느 정도 일까?'

36계 줄행랑이라는 말이 있습니다. 36계는 596년 위진남북조 시대 남송의 명장 단도제(檀道濟)가 지은 병법서로 36가지 고사성어와 연관을 지어 설명한 것입니다. 36계 중에 가장 마지막인 36계는 최고의 계책으로 주위상(走爲上) - '도망가는 것이 최고'라고 가르치고 있습니다. 물론 '작전상 후퇴' 라고 하여 '퇴각하여 다시 공격할 기회를 기다리는 것도 허물이 되지 않는다.' 는 의미로, 병법에서나 쓰는 말이지만 저는 이 말을 현실의 삶에서 적용하고 싶을 때가 많습니다. 그 이유는 자유롭기 위해서입니다. 어쩔 수 없이 현실 속에서는 부딪치는 일들이 많은데 그때

마다 부딪치며 충돌한다는 것은 여간 피곤한 일이 아닙니다. 부딪치지 않는 것이 가장 현명한 일입니다. 그러면 혹자는 그러한 상황을 현실도피나 비겁함, 무책임함 등으로 욕할지 모르겠습니다. '늘 도전 앞에 '당당하라'라고 교육 받아온 사람들로서는 36계는 비겁한 행위로 비춰질 것이 분명합니다. 하지만 수행자로서의 36계는 현실회피가 아니라 가장 적극적인 수행방법입니다. 무책임한 도망이 아니라 자유를 향한 발돋움입니다.

어디로 36계인가? 바로 본래면목, 참 자아, 진여, 무위 등으로 향한 36계입니다. 그리고 '나'를 잊는 것, 그것이 바로 나 스스로를 자유롭게 하는 적극적인 36계입니다.

우리는 흔히 건강한 사람은 몸이 튼튼하고 근육이 울퉁불퉁하고 잘 먹고, 잘 배출하는 사람이라고 생각하기 쉽습니다. 하지만 아무리 잘 먹고, 잘 배출하고 몸이 튼튼해도 늘 건강에 대한 염려나 생각이 있는 사람은 건강한 사람이 아닙니다. 진정으로 건강한 사람은 건강에 대한 아무런 자각도 하지 않은 채 그냥 매일매일 잘 먹고, 잘 지내는 사람을 건강한 사람이라고 말을 합니다. 행복도 마찬가지입니다. 우리는 돈 많고, 지위도 있고, 멋있는 집이나 차를 굴리면서 예쁜 여자나 멋있는 남편과 사는 사람들을 행복한 사람이라고 생각하기 쉽습니다. 하지만 진정으로 행복한 사람은 행복 따위는 입에도 담지 않게 될 때, 그때 비로소 행복한 사람이라고 할 수 있습니다. 평화로움도 마찬가지 일 것입니다. 헤르만 헷세의 '행복'이라는 시에서 이런 말이 나옵니다.

행복을 찾아 쫓아다니는 한
당신은 아직 행복을 누릴 만큼 성숙하지 못한 것입니다.
비록 모든 사랑스러운 것이 당신의 것이 된다 해도.

당신이 잃어버린 것을 한탄하고
목표를 정하고 초조하게 있는 동안은
당신은 아직 평화의 뜻을 모르고 있습니다.

모든 희망을 포기하고
어떠한 목적도 욕망도 모르고
행복이란 말을 부르지 않을 때

그때야 비로소 세상만사의 흐름은
당신의 마음을 괴롭히지 않을 것이요
당신의 영혼은 안식을 찾을 겁니다.

아공(我空)과 법공(法空)을 넘어 촌부로 회향하여 평범하게 살면서 남에게 도움을 주면서도 도움을 주는 것조차 자각이 없는 그 일본의 그 검객은, 깨달음을 회향하여 깨달음을 실천하는 사람입니다. 위 시에서 말하는 행복 따위는 입에도 담지 않은 채, 이 세상의 모든 흐름에 마음을 괴롭히지 않게 되는 사람이 영혼이 진정 평화로운 사람이라고 말할 수 있습니다.

정말이지 수행하는 사람으로서 부럽기 한량없는 사람입니다. 비록 소설이기는 하지만.

소유와 단순함

주변을 둘러보면 삶이 참 행복하다는 사람은 별로 없는 것 같습니다. 사는 게 그저 그렇다던가, 아니면 사는 것이 힘들고 고통스럽다고 말하는 사람들이 대부분입니다. 겉보기에는 아무렇지도 않는데 각 가정마다 이야기를 들어보면 어느 한 가지 이상의 문제점을 안고 살아갑니다. 돈 때문에, 자식 때문에, 부모님 때문에, 형제자매 때문에, 친구나 동료 때문에, 성적 때문에, 취업 때문에, 이별 때문에, 또는 사랑 때문에 등등, 집집마다 걱정거리가 있고, 그 걱정거리로 인하여 마음의 고통도 가지가지입니다. 마음은 고요한 물결이고 싶은데 세상은 그 마음에 돌을 던져 해를 끼치고, 이용하려합니다. 평범하고 조용하게 살고 싶은데 유혹하려는 사람들로 인해 마음이 편하지가 않습니다. 세상은 마음을 고요하게 내버려 두지 않습니다.

그러나 마음을 편치 못하게 하는 것은 외부의 문제보다도 내부에서 들려오는 탐진치 때문입니다. 계속해서 더 가지라고, 다른 사람보다 더 행복해야 한다고 마음을 부추기는 말들이 업보처럼 내면 귓속에서 속삭입니다. 그리고 협박하기도 합니다. 네가 그것 밖에 안 되면 너는 곧 불행하게 될 것이고, 모든 것을 잃고 말 것이고, 모두다 네 곁에서 떠날 거야. 이렇게 내면에서 협박하는 두려움의 소리를 듣게 되면 마음은 더욱 걷잡을 수없이 휘몰아치게 됩니다. 모두 내면이 만든 탐진치의 소리입니다.

어떤 책에서 보았는데 아프리카에서는 독특하게 원숭이를 잡는 법이 있다고 합니다. 우선 원숭이가 다니는 곳에, 원숭이의 손를 펴서 들어 갈 수 있을 정도의 작은 주머니를 만들어서 그곳에 쌀을 넣어 둔다고 합니다. 그러면 원숭이가 쌀을 가지려고 손을 넣었다가 손을 뺄 때에는 손이 빼지지 않는다고 합니다. 그 이유는 들어 갈 때는 손을 펴서 넣었는데 뺄 때에는 쌀을 한 움큼 쥐고 있기 때문에 주먹손이라 빠지지 않는다고 합니다. 그렇게 원숭이는 밤새도록 손을 빼려고 노력하지만 결국 그 상태로 있다가 사람들에게 잡힌다고 합니다. 손만 펴면 살 수 있을 터인데, 쥔 쌀을 놓지 않기 때문에 사람들에게 잡히고 만 것입니다. 손을 펴면 살수 있다는 그 사실을 모르는 어리석음과 작은 욕심 때문에 제 목숨 바꾼 것입니다.

인생을 직관하지 못하는 어리석음이 욕심을 만들고, 두려움을 만들고, 마음을 고요하게 만들지 못합니다. 본질을 알지 못하는 어리석음이 삶을 무한경쟁으로 만들고 아귀다툼으로 만듭니다. 충분히 먹고 살 수 있는 데에도 더 가지려고 남을 것을 욕심내고, 충분한 명예를 가졌는데에도 더 올라가려고 남을 짓밟고 질시하고 남을 끌어내리려고 발버둥을 칩니다. 아무런 필요도 없는 일에 생명을 바쳐 죽기 살기로 싸움을 합니다.

부처님 입장에서 보면 참 기가 막힌 노릇입니다. 세상은 아무 것도 없는 데 있는 것으로 보고 죽기 살기로 싸우는 것을 보면 부처님의 눈으로 안타깝고 애처롭기조차 할 것입니다. 부처님의 눈이 아니더라도 조금만 삶을 냉철히 보는 사람이라면 그 많은 것들이 죽음 앞에 아무런 소용없다는 것을 압니다. 모든 것들이 내 것이 아니며, 또 네 것도 아닙니다. 그냥 있는 것입니다. 나를 포함한 그 모든 것은 그냥 인연 따라 왔다가 인연 따라 사라지는 것입니다. 이 사실을 사무치게 안다면 마음이 불편할리 없습니다.

하지만 대부분의 사람들이 죽음 앞에 그 모든 것이 아무 소용이 없다는 사실을 안다고 해도, 사람들은 당장 눈앞에 펼쳐진 오욕락 때문에 머지않아 닥칠 죽음을 외면하며 삽니다. 그러면서도 삶이 고통스럽고 행복하지 못하다고 힘들어합니다.

고요한 마음을 가지기 위해서는 본질을 깨우쳐야 하겠지만 그 것이 안 된다면 최소한의 마음의 평화를 갖기 위해서는 몇 가지

외적으로 자신을 다듬은 일을 해야 합니다. 수행정도는 아니더라도 생활 속에서 탐진치를 버리는 연습을 해야 합니다. 가지고 있는 것들의 소유를 줄여야 합니다.

우리는 너무나 많은 것을 소유하고 있습니다. 집과 자동차 같은 삶의 필수품 말고도 명품 백, 보석, 갖가지 전자제품, 너무나 많은 옷 등, 없어도 살만한 것들을 쓸데없이 많이 가지고 있습니다. 그리하여 그것들로 인하여 우리의 삶이 복잡하고 피곤합니다. 특히 먹거리에 대한 욕심 때문에 마음이 고요하지 않습니다. 음식에는 한계가 있는데 더 맛있는 것, 더 몸에 좋은 것들을 찾다보니 마음이 피곤할 수밖에 없습니다. 배고픈 것도 문제지만 배부른 것도 마음을 짜증나게 합니다.

이런 것들을 과감하게 줄여야 합니다. 단순해질수록 행복 합니다. 마음의 소유도 마찬가지 입니다. 되도록 어떤 문제를 단순하게 적게 생각하는 것이 좋은 것 같습니다. 복잡하게 여러 가지 뒷생각들을 하다보면 괜한 의심과 불신이 생기고 그 의심과 불신이 깊어지면 피곤하고, 피곤하면 마음이 평온한 마음을 유지할 수가 없습니다. 적게 단순하게 생각하는 것이 좋습니다. 어떤 문제에 부딪혔을 때도 복잡하게 생각하기 보다는 단순하게 생각하는 것이 정답일 경우가 많습니다. 이리 저리 재여 봐야 더욱 문제는 복잡해 질 뿐입니다. 사물을 단순하게 생각하고 그냥 있는 그대로 받아들이면 고민 할 필요가 없습니다.

우리에게 고통을 주는 탐진치는 단순하게 생각하고 단순하게 살지 못하는데 그 원인이 있습니다. 단순함이 주는 자유로움을 느껴야 합니다. 자유로움이란 아무에게도 간섭받지 않고 혼자 즐길 수 있는 그런 자유로움입니다. 어떤 것에도 얽매지 않은 편안하고 담담하고 여유로움을 만나는 자유로움입니다. 그런 자유로움을 느끼기 위해서는 나의 생활이 단순해져야 하고, 단순해지기 위해서는 가지고 있는 소유를 줄여야 합니다.

물고기의 눈을 닮은
목탁처럼

　대중들을 볼 때마다 불현듯 가슴 깊은 곳에서부터 안쓰러움이 올라옵니다. 그것은 윗사람이 아랫사람을 보면서 느끼는 측은지심이 아니라 같은 사람으로서 살아온 세월에 대한 아픔 같은 안쓰러움입니다.

　얼마 전 생애를 같이한 도반의 아버님이 세상을 떠나셨습니다. 모든 사람들이 그렇지만 사람들은 자기 나름대로 자기만의 이야기가 있습니다. 아무리 가난하게 살아온 사람들일 망정 그 내면을 들어다보면 다들 소설 한편을 쓰고도 남을 나름의 스토리가 있기 마련입니다. 특히 일제를 거치고, 6.25 전쟁을 거치면서 가난을 업처럼 살아왔던 우리 부모님 세대는 어느 누구 하나 이야기가 없는 사람은 없습니다. 지긋지긋한 가난과 어려움을 극복하고 오늘날의 선진국대열의 나라를 만든 세대이기 때문입니다.

도반 아버님도 영화 '국제시장'에서 나온 것처럼 그 세대들이 겪었던 아픔을 겪었던 분입니다. 단지 아쉬운 것이 있다면 자녀들이 대체로 남부럽지 않을 만큼 잘 되었고, 당신 재산도 충분하게 가지고 계셨는데에도 말년을 즐기시지도 못하고 돌아가셨다는 것입니다. 돌아가시기 전까지 등골이 휘도록 일만 하시다가 세상을 떠나셨다는 것이 남은 자식들을 마음을 아프게 했습니다. 물론 일이 좋아서 그랬다면 당신이 좋아서 한 일이니 할 말이 없겠지만 나이 드셔서 수술을 한 뒤에 쉬셔야 하는데 쉬시지도 못하고 여든이 넘은 나이에 그 업 같은 농사일을 감행하셨다가 그렇게 되신 것입니다. 무엇을 위해서 그렇게 일만하셨는지....? 혹시 한 푼이라도 더 벌려고 그랬는지....? 그래서 한 푼이라도 더 벌어서 자식들에게 한 푼이라도 더 물려주려고 그랬는지...? 더 이상 의미가 없는 농사일로 힘들게 사신 아버지에 대한 미안함과 아픔을 자녀들은 죄인처럼 고스란히 감당해야 했습니다. 그 도반의 말대로 마치 인생을 사기 당한 것처럼 허망하고 한편으로는 기가 막혀 삶의 회의를 느낀다는 것이었습니다.

　그런데 제가 보기에 인생은 사기당한 것처럼의 직유가 아니라 인생 자체가 사기라는 것입니다. 사기꾼들은 사기를 칠 때 달콤하고 희망적인 말로 유혹합니다. 그 유혹적인 말에 사람들은 속아서 재산을 탕진하기도하고 몸과 마음을 망치기도 합니다. 우리들의 인생도 마찬가지입니다. 태어날 때부터 부모들은 내 아이가 정말 훌륭하고 위대한 인물이 되리라 기대를 하며 자식을 키웁니다. 인생이라는 유혹과 희망이라는 유혹에 빠진 것입니다. 하지만 세월이 흘러 아이가 점점 커갈수록 희망은 조금씩 조금씩 깍기기 시작하면서 꿈도 작아지고, 현실적으로 취업을 할 나이가 되면 이제 제발 먹고 사는 문제만 해결되기를 바랍니다. 그리고 아이 역시 청년이 되고 나이가 들어가면서 조금만 돈을 더 벌면, 조금만 높이 올라가면 인생이 나아질 것이라고 생각하며 살아갑니다.

'조금만 더, 조금만 더 그러면 너는 아름다운 인생이 기다리고 있을 거야.'

우리들의 삶은 우리를 달콤한 말로 유혹합니다. 하지만 인생은 나아지지가 않습니다. 많아지고, 올라가면 또 다른 욕심이 거기에서 기다리고 있기 때문입니다. 결국 죽음을 맞이해야 그 유혹이 끝이 나는 것이 인생입니다. 설령 사람들이 말하는 성공을 하고 어떤 위대한 일을 했다고 해도 그 일은 세월의 흐름에 따라 잊혀지고 맙니다. 영원히 존속되는 일이라는 것이 없습니다. 그래서 인생은 속고, 속아서 사는 것이 인생인 것입니다. 결국 인생은 사기라는 말로 표현 할 수밖에 없습니다. 물론 이것은 세간적인 인생이야기 이지만 본질적인 문제로 들어가 인생을 이야기해도 결국 인생은 사기입니다. 왜냐하면 처음부터 인생이라는 것이 없기 때문입니다.

부처님이 말씀하신 삼법인을 속된 말로 풀어쓰면 '인생은 원래 사기이니 거기에 속지 말라'는 표현과 같습니다. 우선 삼법인의 일체개고(一切皆苦)을 보면 '중생들의 삶은 본래부터 모두가 고통스럽다'는 표현으로, 사람들의 삶은 원래부터 고통스러운 것인데 고통인 줄을 모르고 살아가는 사람들의 어리석음을 말하고 있습니다. 고통스러우면 고통에서 벗어나려는 노력을 해야 하는 데, 고통 속에 있는 것조차 모르고 살아가는 사람들의 어리석음에 대한 경계를 말함입니다. 즉 사기를 당하고 있음에도 자기가 사기를 당하고 있는 것조차 모르는 사람에 비유할 수 있습니다.

그리고 제행무상도 마찬가지입니다. 제행무상이란 '모든 것이 영원한 것이 없으니 영원한 것이 있다'고 생각하지 말라는 말입니다. 그런데 사람들은 인생이 영원한 줄 압니다. 내일 곧 죽어도 오늘 더 가지려고, 남보다 더 올라가려고 발버둥치며 살아갑니다. 인생이 끝이 있고 죽을 때 아무것도 가져가지 못한다고 그렇게 선각자들이 외쳐도 소용이 없습니다. 제행무상이란 모든 것이 소용없음을 깨닫고, 인생이 영원할 것이라는 것에 속지 말라는 부처님의 간절한 말씀입니다.

삼법인의 마지막 제법무아도 내가 있다는 사기에 속지 말라는 말씀입니다. 제법무아란 모든 것이 '아'(我)가 없다는 말인데 사람들은 내가 존재한다고 철석같이 믿고 있습니다. 만법은 인연 따라 왔다가 인연 따라 가는 것이기에 상(相) 이 존재할 수 없습니다. 무상(無相)은 즉 공(空)입니다. 따라서 나는 존재하지 않습니다. 그런데 사람들은 내가 있다고 믿고 있으니 사기에서 벗어난 사람들의 입장에서 보면 사기를 당하고 있는 사람들이 참 안타까울 뿐입니다. 이처럼 불교의 삼법인을 속되게 풀어쓰면 '인생은 사기이니, 거기에 속지 말라'는 표현입니다.

우리 인생의 사기꾼의 주범은 탐진치입니다. 욕심에 속고, 화를 내지 않아도 될 일을 마음에 속아 화를 내여 일을 그르치고, 어리석음에 속아 우리 인생이 한평생 괴롭습니다. 탐진치는 부처님께서 말씀하신 우린 인생의 삼독(三毒)입니다. 그것들은 우리 곁에 있으면서 늘 위협적인 말로 유혹합니다. '더 벌어야 해' '더 있어야 해' '더 높이 올라가야해' '지금 당장 화를 내야 해,' '아주 좋은 것이 있어.' 등등 한평생 동안 우리를 달콤한 말로 유혹하거나, 협박하거나, 위협하여 두려움 속에 우리를 가두어 놓으려합니다. 우리는 그 말에 속아 괴로움 당하며 살아갑니다. 이 사기꾼에 우리는 속지 말아야 합니다.

그렇게 탐진치에 속지 않기 위해서는 우리는 지혜의 눈으로 인생을 바라 보아야합니다. 우리 인생이 원래 빈 것(空)임을, 무상(無相)임을, 무주(無住)임을, 무아(無我)임을 알아야 합니다. 그것이 바로 부처님이 말씀하신 불교의 지혜입니다. 거창한 팔만

사천 법문이 무상(無相), 무주(無住), 무아(無我)에 다 들어있습니다. 더 간단히 이야기 하자면 '무아(無我)' 한 단어만이라도 똑바로 알고, 생활 속에서 그 무아(無我)를 실천한다면 인생에 사기 당하지 않고 살 수 있습니다. 내가 없는데 욕심 낼 것이 무엇이 있고, 성낼 것이 무엇이 있겠습니까?

푸시킨은 '생활이 그대를 속일지라도 슬퍼하거나 노여워하지 말라'라고 말을 했습니다. 하지만 저는 생활에 속는 것에 슬퍼하고 노여워해야 한다고 생각합니다. 그래서 인생에 사기당한 것에 슬퍼하고 노여워하여 거기에서 벗어나려는 노력을 해야 합니다. 마음을 비우고 청청하게 살려고 노력해야하고, 물고기의 눈을 닮은 목탁처럼 늘 깨어있어야 합니다.

지혜의 눈으로 우리의 삶을 바라봐야 합니다. 그렇지 않으면 우리는 인생에 사기를 당하고 또 세세생생 윤회의 속박에서 살아야 할 것이기 때문입니다.

나팔꽃씨는 나팔꽃을 피운다

우리네 속담에 '콩 심은데 콩 나고, 팥 심은데 팥 난다.'라는 말이 있습니다. 콩을 뿌렸는데 팥이 나올 리 없고, 팥을 심었는데 콩이 나올 리 없습니다. 콩 심은 데는 반드시 콩이 나오고 팥 심은 곳에는 팥이 나옵니다. 배추씨를 뿌리면 배추가 나오고, 무씨를 뿌리면 무가 나옵니다. 사랑의 씨를 뿌리면 사랑이 나오고, 미움의 씨를 뿌리면 미움이 나옵니다. 뒤에서 남의 이야기하며 욕을 하면, 나중에 누군가 나를 뒤에서 욕을 하고, 남에게 사랑을 몰래 베풀면 누군가 나를 도와줍니다. 이것은 철저한 자연의 법칙이고, 삶의 법칙입니다. 한 치의 어긋남도 없습니다.

그러나 사람들은 콩을 심어놓고 팥이 나오기를 바라며, 미움의 씨를 뿌려놓고 사랑의 씨앗이 나오기를 바라고, 뒤에서 남을 욕하고는 나에게는 사랑만 있기를 바랍니다. 이것 때문에 인간들은 괴롭고 삶이 힘듭니다. 자기가 뿌린 씨는 생각하지 않고 그 씨앗보다 나은 씨앗이 나오기를 바라는 마음 때문에 괴롭고, 또한 자기가 뿌린 만큼 거두려고 하지 않고, 더 많은 열매가 열리기는 바라는 마음 때문에 삶이 괴롭습니다.

가끔 입시철이 다가오면 100일 기도이다, 뭐다해서 절이나 교회에서 부모님들이 열심히 기도를 합니다.

"제발, 우리 아들 이번에 꼭 좋은 점수를 맡게 해주십시오."

물론 자식들이 열심히 하고, 공부를 한 만큼 점수를 받게 해달라는 기도는 그런 대로 이해가 가는 기도입니다. 열심히 했는데에도 뜻밖에 사고나 아픔으로 좋지 못한 점수를 받을 수 있기에 열심히 한만큼의 점수를 받게 해 달라는 기도나 가피를 바라는 것은 모든 부모의 공통 된 마음이라고 생각합니다. 하지만 자기가 공부 한 만큼 보다 점수가 더 잘나오게 해달라는 것은 그것은 정말 잘못된 기도입니다.

기도를 해서 점수를 잘 받게 만드는 그런 부처님이나 그런 하느님은 믿을 필요가 없습니다. 그렇게 편협하고 그렇게 편애하는 부처님이나 하느님을 왜 믿고 따릅니까? 상식적인 사람도 공평함을 잃지 않는데, 하물며 부처님이나 하느님이 상식적인 사람보다도 못한 행동을 한다면 그게 부처님이고 하느님이겠습니까?

모든 것은 뿌린 만큼 거둡니다. 그중에는 간혹 뿌린 만큼 거두지 못한 경우도 있고, 뿌린 만큼 더 거두는 경우도 있지만 거기에는 여러 요인이 있고 그때그때의 인연에 따라 더 거두고, 덜 거두는 것뿐입니다.

지혜의 눈을 떠 아라한이 된 미묘 비구니의 이야기입니다..

바라문의 딸로 태어난 미묘 비구니의 아버지는 나라 안에 널리 알려진 만큼 덕이 높은 분이었습니다. 이웃에 다른 바라문이 살았는데 그 집 아들은 인자하고 총명해서 미묘비구니를 아내로 맞아 가정을 이루었고, 아들을 하나 낳았습니다.

그 후 시부모가 잇따라 돌아가셨고 미묘 비구니는 둘째 아이를 가졌습니다. 미묘비구니는 남편과 의논한 끝에 친정에 가서 해산을 하기로 했습니다. 그러나 친정으로 가던 도중 갑자기 진통이 와서 나무 아래 자리를 펴고, 그날 밤에 아기를 낳았습니다. 그런데 조금 떨어진 곳에서 곤히 잠든 남편이 독사에 물어 죽었습니다.

아버지가 죽은 것을 보고 큰 아이는 소리를 내어 울부짖었고, 그 소리에 정신을 차린 미묘비구니는 큰 아이를 등에 업고 갓난 아이는 품에 안은 채 울면서 길을 떠났습니다.

도중에 큰 강이 있었는데 수심이 깊고 폭이 넓어서 큰아이는 강가에 내려두고, 먼저 갓난아이를 업고 강을 헤엄쳐 건넜습니다. 언덕에 올라 나무 밑에 갓난아이를 내려놓았을 때, 강 건너에서 큰 아이가 엄마를 부르면서 강물로 들어오다가 그만 물에 떠내려가고 말았습니다. 미묘비구니는 급히 강물에 뛰어 들었으나 큰 아이는 이미 거센 물결에 휩쓸려 구할 수 없었고, 다시 기슭으로 올라와 갓난아이한테 돌아왔으나, 늑대가 갓난아이를 먹어버린 뒤였습니다.

얼이 빠진 듯 정신없이 길을 걸어가던 미묘비구니는 도중에 친정아버지 친구를 만났는데, 친정소식을 물으니 며칠 전에 집에 큰불이 나서 부모와 동생들이 모두 타죽고 말았다고 했습니다. 이 비통한 소식을 전해 듣고 미묘비구니는 까무러치고 말았습니다.

그녀는 자신의 기구한 신세를 한탄했습니다. 전생에 무슨 죄를 얼마나 지었기에 이처럼 고통을 받으면서 살아야 하는가? 이제는 어디에 의지해 남은 목숨을 이어 갈 것인가? 이 때 문득 언젠가 들은 이야기가 떠올랐습니다. 석가족의 아들이 고행 끝에 부처님이 되어 과거와 미래의 일을 훤히 안다는 이야기였습니다.

미묘비구니는 곧 기원정사로 가서, 나무에 꽃이 활짝 핀 듯, 별 속의 달과 같은 부처님을 뵙고, 그 동안에 겪은 일들을 낱낱이 말씀드리고 나서, 수행자가 되게 허락해 달라고 그 분에게 애원했습니다.

부처님은 시자 아난다에게 말씀하셨다 '이 여인을 데리고 가서 고타미에게 맡겨 계법을 일러주게 하라' 이윽고 미묘비구니는 고타미 밑에서 비구니가 되었습니다. 그리고 사성제와 인생은 괴로움이라는 것, 모든 것은 공하고 무상하다는 것을 배웠고, 부지런히 정진해 마침내 아라한이 되었습니다. 그래서 그녀는 그녀의 과거와 미래를 모두 알 수 있었습니다.

언젠가 그녀의 기구한 사연을 듣고 있던 비구니들이 물었다

"전생에 무슨 죄업을 지었기에 그토록 견디기 어려운 재앙을 당하셨는지요?"

미묘 비구니는 말문을 열었습니다.

"지난 세상에 한 부자가 있었습니다. 그는 재산은 많았지만 아들이 없어 작은 부인을 두게 되었습니다. 지체는 낮은 집 딸이지만 아름다워서 부자는 그녀를 몹시 사랑했습니다. 게다가 그녀는 사내아이를 낳았기 때문에 부자와 작은 부인의 기쁨은 이루 말 할 수 없었습니다. 이때 큰 부인은 시샘이 나서 이런 생각을 했습니다."

'나는 비록 귀한 가문의 출신이지만 이 집안의 대를 이을 자식을 낳지 못했다. 이제 저 아이가 자라면 이 집안의 재산을 모두 상속받을 것이다. 그때 내 처지는 어떻게 될 것인가'

생각이 여기에 미치자 큰 부인은 질투심이 치솟아 아이가 자라기 전에 일찌감치 죽여 버려야겠다고 결심을 했습니다. 그래서 그 아이의 정수리에 바늘을 깊이 꽂았습니다. 아이는 시름시름 앓다가 열흘쯤 지나 마침내 죽고 말았습니다. 작은 부인은 너무 애통해 미칠 듯했습니다. 그리고 아이가 갑자기 죽은 것은 틀

림없이 큰 부인이 저지른 일일 거라고 단정하고 이렇게 따져 물었습니다.

"당신이 우리 아기를 죽였지요?"

큰 부인은 펄쩍 뛰면서 이런 맹세를 했습니다.

"만일 내가 그대 아이를 죽였다면 다음 생에 내 남편은 독사에 물려 죽고, 남편과 내가 낳은 자식은 물에 빠져 죽거나, 늑대에 잡아먹힐 것이오. 나는 산 채로 묻히고 내 부모 형제는 불에 타 죽을 것이오. 이래도 나를 의심하겠소? 이래도 나를 의심하겠소?"

그 때 그 부인은 죄와 복의 갚음이 없다고 생각해 그와 같이 맹세를 했던 것입니다.

"그 때의 그 부인이 바로 현재의 이 몸입니다. 나는 지금 다행히도 부처님의 가르침을 만나 아라한이 되었지만 뜨거운 바늘이 정수리로 들어와 발바닥으로 나가는 듯한 고통을 밤낮으로 겪고 있습니다. 재앙과 복은 이와 같이 결코 사라지는 것이 아닙니다."

이 글은 〈현우경〉 미묘비구니품에 나오는 이야기지만, 이런 기가 막힌 일들이 세상을 살다보면 참 많이 있습니다. 지지리도 복이 없는 이야기들은 우리 주변에 찾아보면 얼마든지 있습니다. 그러나 이 지지리도 복도 없는 이야기가 그냥 생긴 것이 아닙니다. 이것은 전생에 그의 행위에서 온 것이든, 이 생애에서 온 것이든, 반드시 그렇게 될 수밖에 없는 사연이 있을 것 입니다. 세상은 한 치의 오차도 없습니다.

두 갈래 길

우리의 인생을 가만히 들어다보면, 우리의 인생은 연속된 '선택'에 따라 방향이 설정 되여 그곳을 향해 가는 여정이 아닌가, 하는 생각을 해 봅니다. 선택은 주변의 환경에 의해서 주어지기도 하고 자기의 의지에 따라 선택하기도 합니다. 또한 선택이라는 것도, 인생을 좌우 할 만큼 큰 선택이 있고, 그 보다 작은 선택도 있고, 아주 작게 보면 매 순간의 선택도 있습니다. 가령 '대학의 어느 과를 선택하여 어떤 직업을 선택 할 것인가' 하는 큰 선택이 있는 반면, '오늘 친구가 술 한 잔 하자는데 가야할까, 말아야 할까' 하는 선택도 있고, 더 작은 선택을 말하면 '밥을 먹으면서도 순간순간 무슨 반찬을 집어야 할까'하는 무의식적 선택을 하는 아주 미세한 선택도 있습니다.

이런 선택의 연속이 모여서 우리의 삶을 이루고, 한 인간의 역사를 이루고, 먼 훗날 돌이켜보면 한 사람의 '운명'이 되는 것 같습니다. 그래서 어떻게 보면 운명이란 이미 주어진 것이 아니라, 순간순간 선택에 의해서 이루어진 것이라고 해도 과언이 아닐 듯 싶습니다.

운명가들은 타고난 운명 때문에 그런 선택을 할 수밖에 없다고 합니다. '타고난 팔자가 사나워서 그런 남편을 만났다든가' '타고난 사주팔자가 좋아서 좋은 부모를 만나고 좋은 직장을 다닌다든가' 하는 것이 바로 그것입니다. 운명이 선택을 정했다는 것입니다. 운명가들은 그런 방향의 선택을 미리 주어진 운명 쪽에 초점을 맞추어 말을 합니다. 선택이라기보다 자기가 태어난 사주팔자 때문이라고 말을 합니다. 이미 정해진 운명이 그 사람을 그렇게 만들었다고 합니다. 사주관상을 보는 사람들의 말도 전혀 틀린 말은 아닐 것입니다. 타고난 사주팔자에 따라 그렇게 운명이 달라졌으니 말입니다.

하지만 저는 선택이 운명을 만든다는 생각입니다. '어떤 마음을 가지느냐'에 따라 그에 맞는 선택을 할 것이고, 그 선택에 따라 운명이 바뀔 것이라고 생각하기 때문입니다. 흔히 하는 말로 마음이 행동을 낳고, 자기의 행동이 습관을 만들고, 그 습관이 업을 만들고, 그 업에 따라 선택을 하고, 그 선택에 따라 운명이 바뀐다는 말에 동의합니다. 따라서 좋은 마음가짐이 결과적으로 좋은 운명을 만든다는 말에 적극적인 지지를 보냅니다.

그렇다면 이 순간순간의 선택은 어떻게 이루어질까? 이것 역시 한번 생각해 볼 일입니다. 선택은 물론 앞서 말한 바와 같이 주변의 환경이나 자기의 자유의지에 따라 이루어진다고 하겠으나, 불교적 관점에서 본다면 선택은 자기가 지어온 업(業)에 의해서 주로 선택을 하는 것 같습니다. 업이란 자기가 살아온 습(習)에 의해서 굳어진 생각과 행동 양식을 말합니다. 욕심을 평소 많이 부린 사람은 선택을 할 때에도 욕심이 많은 쪽으로 선택을 하고, 욕심이 없는 사람은 욕심이 없는 쪽으로 선택을 합니다. 불만 많고 화를 잘 내는 사람은 부정적인 방향으로 선택하고, 온화한 사람은 온화한 쪽으로 선택을 합니다. 따라서 선택은 자기가 자라온 생활습관에 따라 좌우 된다고 해도 과언이 아니며 운명을 바꾸기 위해서는 업을 바꾸어야 한다는 말이 틀린 말이 아닐 것입니다. 그리하여 업을 바꾸기 위해서는 습관을 바꾸고, 습관을 바꾸기 위해서는 일상의 행동을 바꾸고, 행동을 바꾸기 위해서는 마음을 바꾸어야 합니다. 매 순간 어떤 선택을 할 때, 마음을 긍정적인 쪽으로 선택을 하게 되면 결국 운명이 긍정적인 쪽으로 흐른다는 결론이 나옵니다.

결국 좋은 운명을 원한다면 업을 바꾸어야 한다는 이야기입니다. 그런데 업을 바꾸기 위해서는 어떻게 바꾸어야 하는가? 그 방법은 여러 갈래가 있겠지만 불교적 관점으로 말을 한다면 '수행'을 추천하고 하고자 합니다. 업은 바로 수행을 통해 바꿀 수가 있습니다. 예를 들면 지금 화가 난 순간이 있습니다. 이때 화를 내야할까, 참아야 할까, 선택의 순간에서 화를 참는 쪽으로 선택을 한다면 인생도 그런 쪽으로 흐를 수가 있습니다. 어떤 사람은 화가 나는 순간에 어떻게 화를 선택 할 수 있느냐고 반문할 수 도 있습니다. 화가 나는 순간에 선택은 있을 수 없다는 생각이지요. 하지만 수행을 하면, 그리고 매번 마음을 지켜보는 수련을 해온 사람이라면 자기가 화를 내고 있는 순간의 마음을 알 수 있습니다. 선택하는 순간순간의 마음을 바라 볼 수 있는 여유가 있습니다. 보통의 사람들은 화가 나면 화를 지켜볼 여유가 없겠지만 수행을 한 사람은 화가 나면 '내가 화를 내고 있다'라는 생각을 가질 수 있습니다.

그래서 수행을 하는 사람과 수행을 하지 않은 사람이 다를 수밖에 없는 이유가 바로 그것입니다. 물론 성격차도 있겠지만 대체로 수행을 하면 선택할 수 있는 마음의 여유가 있고, 수행을 하지 않은 사람은 화에 휘둘려 살아갑니다. 화가 날 때만 그런 게 아닙니다. 남을 욕하고 싶을 때도 그렇고, 욕심이 생길 때도 그렇습니다. 순간순간 마음을 지켜 볼 수 있어서 선택의 순간을 가지게 됩니다. 수행이 깊어지면 더욱 선택하는 시간이 넓어지게 됩니다. 마음의 여유가 생긴다는 뜻입니다.

죽음의 순간에도 그런다고 합니다. 제가 죽어 보지 않아서 죽음에 대해 말한다는 것이 잘못일지 모르겠지만 '티벳 사자의

서' 라는 책을 읽어보면 사람이 죽으면 맑고 하얀 그러면서 편안한 어떤 물체가 처음 다가온다고 합니다. 그리고 몇 차례 그와 비슷한 것이 오게 되는데 이때 그것들을 따라가느냐, 가지 않느냐에 따라 '극락이냐?', '윤회냐?'로 갈리게 된다고 합니다. 그야말로 극락이냐, 인간이냐, 축생, 지옥이냐, 하는 최고의 갈림길의 선택이라고 말을 합니다. 이때 대체로 자기가 살아온 업 즉 습관에 따라 자기가 선택하게 된다고 하는데 이때의 마음가짐이 중요하다고 합니다. 그래서 '티벳 사자의 서'는 비록 이 세상에서 잘못 살았다하더라도 죽고 나서 좋은 곳을 선택하라고 산사람이 계속 주문을 외워주면 그 죽은 사람이 그 주문을 알아듣고 그 순간의 선택에 따라 좋은 곳을 선택하여 따라갈 수 있다고 가르치고 있습니다. 죽고 나서도 선택을 잘하라는 말입니다.

그러나 대부분의 사람들은 세상에서 살아온 습(習)대로 자기와 맞는 파장을 선택하고 거기에 맞게 다시 태어난다고 합니다. 몸이 있는 이 세상에서도 어떤 선택을 할 때 자기의 습(習)대로 선택하는데 하물며 죽어서 몸이 없어 당황하는 상태에서는 자기가 지어온 습관대로 선택 할 것은 뻔할 것 같습니다. 그래서 결국 수행이 필요하다는 결론입니다. 이 세상에 살 때에도 좋은 운명을 가지게 위해서는 수행을 통한 업을 변환시켜야 하며, 죽어서도 좋은 곳에 태어나기 위해서는 수행을 통해 현재의 습관을 고쳐야 합니다.

살아서도 죽어서도 어떤 선택을 할 것인가는 누가 정해주는 것이 아니라, 내가 정한 것입니다. 내 업보가, 내 파장이 정하기 때문에 살아 있을 때 좋은 업을 짓도록 하고, 좋은 습관을 갖도록 하고, 좋은 파장을 갖도록 노력해야 합니다. 현재의 좋은 습관은 현재에도 죽어서도 그만큼 마음의 여유를 가지게 되어 좋은 선택을 하리라 생각합니다.

제3장 화폭위의 그림은 진한 색깔이 있다

색안경을
벗지 못하는 사람들

제가 20대 젊은 날에 동화 쓰는 것을 좋아해서 몇 편의 글을 쓴 적이 있었는데 그중에 책에 발표된 명상과 관련된 동화가 있어 한 편의 간단한 줄거리만 이야기 해볼까 합니다.

우주의 아주 조그마한 별에는 아주 이상한 전통이 있습니다. 그 마을에는 아이가 태어나면 곧 안경을 씌어줍니다. 그 마을에서 내려오는 방식대로 파란 안경 씌어 주는 마을이 있고, 빨간 안경을 씌어주는 마을이 있고, 노란 안경을 씌어주는 마을도 있습니다. 안경은 죽을 때까지 벗지 않아서 아이들이 커 갈수록 살이 안경을 덮음으로 하여 아예 안경은 몸처럼 되어 버렸습니다.
그런데 언제부터인가 빨간 안경을 쓴 마을과 파란 안경을 쓴 마을사람들이 싸움을 시작했습니다. 그것은 어떤 꽃을 보며 빨간 안경을 쓴 마을 아이들은 그 꽃을 빨갛다고 하였고, 파란 안경을 쓴 마을 아이들은 그 꽃을 파랗다고 하여 아이들 싸움이 급기야 어른들 싸움으로 번지면서 전쟁을 치르게 된 것입니다. 전쟁은 많은 사람들을 죽이고, 다치게 하고 고아와 질병 기아의 아픔을 주었습니다. 그러면서도 싸움은 그칠 줄은 몰랐습니다.

이 싸움에 대해 깊이 고민하는 소년이 있었습니다. 그 한 송이 똑같은 꽃을 사람들은 왜 빨갛게 보고, 파랗게 보는가? 혼자 고민하고 아파하다가 어느 날 문득 옆집아이를 낳는 광경을 목격하게 됩니다. 그 부모는 아이가 낳자마자 그 아이에게 안경을 씌어주는 것을 보게 됩니다. 소년이 그 부모에게 묻습니다.

"왜 이 아이에게 안경을 씌어주나요?"

"뭐라고? 인석아! 그럼 이 아이에게 안경을 씌어주지 않아서 이 아이를 장애로 만들라는 말이냐?"

소년은 바로 사람들이 싸움을 한 것은 바로 안경 때문이라는 것을 알게 되었습니다. 그 소년도 태어나서 바로 씌어졌기에 안경에 대해서 한 번도 생각해 본적이 없었습니다. 그리하여 소년은 안경을 벗기로 결심했습니다. 그리고 몸과 하나를 이룬 안경을 벗기 위해 칼로 얼굴 살을 찢기 시작했습니다. 피가 온 얼굴을 타고 범벅이 되었지만 기어코 안경을 벗었습니다. 그러자 찬연히 빛나는 햇살과 갖가지 색으로 얼룩진 세상이 너무나 아름다웠습니다.

"아! 이렇게 아름다운 세상을 나는 파랗게만 보고 살았구나!"

그래서 소년은 사람들에게 안경을 벗으라고 소리치기 시작했습니다.

"안경을 벗으십시오. 안경을 벗는다면 그 꽃의 색깔을 똑바로 볼 수 있을 것이며 이제 싸움도 없을 것입니다!"

"안경을 벗으십시오."

하지만 사람들은 그 소년이 미쳤다고 하고 전통을 버린 놈이라고 하면서 감옥에 가두고 결국 죽게 만듭니다.

그러나 소년을 따라 한 두 사람 고통스럽지만 안경을 벗는 사람들이 나타나기 시작하였고, 그들은 정말 아름다운 세상을 보게 됩니다.

이 동화에서 안경을 씌어 주는 것은 우리의 교육이나 전통 같은 것이라고 말 할 수 있고, 불교적으로 이야기 하면 무명 같은 것이라고 말 할 있습니다. 우리는 그런 교육이나 전통 또는 무명 때문에 진짜 본래로 돌아가지 못하고 한 평생을 어둠 컴컴한 색안경을 쓰고 살아가야 합니다. 색안경을 쓰고 있으면서도 색안경을 쓰고 있다는 생각조차 못하고 살아가는 것이 중생들입니다. 그래서 깨우친 사람들이 '지금 당신들이 보고 있는 것은 모두 환(幻)이다, 부모 미생전의 본래면목을 찾아라' 라고 이야기를 해도 그 말을 믿지 못하고 살아갑니다. 믿는다고 해도 찾는 방법을 모르거나 사바세계에 흠뻑 빠져서 찾을 필요성을 느끼지 못하고 살아갑니다.

더구나 인간들이 진리라고 만들어 놓은 하찮은 무슨 주의, 무슨 이념, 무슨 사상, 때문에 우리는 얼마나 많은 사람들이 피를 흘려야 했으며 우리나라 같은 경우에는 같은 민족임에도 서로 적이 되어 총 뿌리를 겨누고, 지금도 상대를 죽이기 위해 혈안이 되어 있습니다.

그리고 인간을 깊이 통찰하면 우리들이 쓰고 있는 색안경은 언어로 만들어진 관념이라고 말 할 수 있습니다. 언어란 우리를 교육 시키고, 인간을 성장시키는 힘이 있지만. 반대로 언어가 가진 말 이외의 것은 보지 못하게 만듭니다. 언어가 가진 개념 때문에 그렸습니다. 만약 사람들에게 '국화꽃을 상상하고 국화꽃이란 어떻게 생겼는지 말씀해 보십시오.'라고 할 때 사람들은 개념적인 보통의 국화꽃을 떠올리며 국화꽃의 생김새나 쓰임새 등을 우리가 배워온 대로 말할 것입니다. 하지만 사람들 각자가 머릿속에 떠올린 국화꽃은 사람 사람마다 다 다른 것들입니다. 어떤 사람은 노란 국화꽃을 떠 올릴 것이고, 어떤 사람은 큰 국화꽃을, 어떤 사람은 들에 핀 국화꽃을, 어떤 사람은 장례식장의 국화꽃을…… 하여간 각기 다른 모양, 각기 다른 장소, 각기 다른 크기, 각 다른 향기의 국화꽃을 떠올릴 것입니다. 하지만 '국화꽃은 어떻게 생겼는가'라고 물어보면 교과서에 나온 대로 이야기를 할 것이고 그렇게 대답하지 않은 사람은 틀렸다고 말할 것입니다.

이처럼 언어는 우리들의 사고나 생각을 어떤 틀에 넣어 고정화 시키려고 합니다. 흔히 우리가 보는 시험이라는 것이 바로 고정된 틀의 언어를 얼마나 많이 알고 있느냐를 알아보는 것이라고 할 수 있습니다. 그만큼 많이 배운다는 것은 언어를 체계적으로 개념화 시키는 것이라고도 할 수 있습니다.

그러나 존재는 분명 언어로 표현 할 수 없는 세계입니다. 이 세상 어느 것도 홀로 존재하는 것이 없으며, 멈춰 있는 것도 없습니다. 이 순간, 이 찰나에도 고정 되어 있는 것처럼 보이는 것도 분명한 것은 변하고 있고, 움직이고 있다는 사실입니다. 과학적으로 분자의 활동이건, 원자의 활동이건 말입니다. 따라서 고정된 언어로 표현하는 것은 잘못입니다. 그래서 옛날 조사들은 무엇을 물어보아서, 말을 해도 30방, 말을 안 해도 30방이라고 몽둥이로 두들겨 제자들을 깨우려고 했습니다. 그들은 이 존재의 세계를 제대로 가르쳐 주려고 노력 하신 스승들입니다. 언어로 만들어진 색안경을 벗어버리고, 이 우주의 본래면목 즉 '있는 그대로'의 세계를 여실하게 보여주려고 그렇게 몽둥이를 사용했던 것입니다.

우리가 보고 있고, 우리가 알고 있는 이 세계가 사실은 마음이라는 색안경을 쓰고 보고 있으며, 알고 있다는 것을 알아야 합니다. 따라서 진실을 알고 싶거든 안경을 벗어야 합니다. 우리가 알고 있는 마음이라는 것은 사실은 텅 빈, 본래 아무것도 없는 공적의 세계임을 알아야합니다. 그 세계는 욕심도 성냄도 어리석음도 없는 텅 빈 아름다운 세계입니다.

그 세계를 알기 위해서는 오늘도 동화속의 소년처럼 안경을 덮어 쓴, 살을 찢는 고통이 있어야 합니다. 그것이 수행입니다. 하지만 이 수행이 자리에서 잠도 자지 않고, 움직이지 않고 무슨 고통의 훈련 받는 것처럼 되어서는 안 됩니다. 매 순간 마음을 지켜본다든가, 어지러운 마음을 고요하게 가라앉히는 수행이어야 합니다. 이미 완벽하게 깨우친 사람들이야 수행이 필요치 않겠지만, 그렇지 않는 수행자는 수행을 하지 않으면 다시 어두워지기 때문에 늘 닦고 닦아야 할 것입니다. 본래의 지혜로 지금, 여기에서, 현재의 일을 꿰뚫어서 살아가야 할 것입니다. 관념에서 벗어나 찬란한 세상을 만나야 할 것입니다.

진실을 보는 눈

깜깜한 밤, 혼자 산길을 걷고 있노라면 무섭고 두려운 생각이 듭니다. 원래부터 선천적으로 무서움을 모르고 자란 사람들을 제외하고 보통의 사람들은 밤에 산길을 가는 것이 두렵고 무섭습니다. 하지만 그 두려움이나 무서움이 어디서 왔는가 하는 것을 한번 생각해보면 밤에 산길을 걷는 것을 크게 그 두려워하거나 무서워 할 것도 아닌 것 같습니다.

사실 무섭고 두려운 감정은 외부의 영향보다도 바로 내가 만든다는 것입니다. 만약 무섭고 두려운 감정들이 외부의 영향 때문이라면 모든 사람들이 밤에 산길을 걸을 때 똑같이 무서움과 두려움을 느껴야 합니다. 하지만 어떤 사람은 두려움과 무서움을 느끼지만 어떤 사람은 전혀 두려움과 무서움을 느끼지 않습니다. 그것은 바로 두려움과 무서움은 내가 만들어 그렇게 느끼고 있다는 증거입니다. 한마디로 무섭고 두려운 감정은 나의 마음 때문입니다. 산길을 걷기 전 무서운 이야기를 들었다든가, 근래에 자기 주변에 무서운 일이 벌어졌다면 산길이 더욱 무섭지만 만약 즐겁고 기쁜 마음으로 산길을 걷고 있다면 산길이 그렇게 까지 무섭지는 않을 것입니다. 흔히 이야기 하는 귀신이야기도 그렇습니다. 만약 두려움과 무서움을 느끼게 하는 실체가 있다면 모두 다른 사람들도 다 그렇게 느껴야 합니다. 하지만 귀신의 실체를 보았다는 사람은 별로 없습니다. 단지 그 이야기들로 인해 두려움과 무서움을 느낄 뿐입니다. 결국 내가 가지고 있는 업 즉 나의 아뢰아식 속에 저장 되어 있는 식(識)이 전변이 되어 마치 어떤 사물을 보았을 때 그 인연에 따라 그것을 느끼게 되는 것입니다. 느낀다는 표현 보다는 거울에 비춰듯이 비친다고 표현해야 옳을 것 같습니다.

지혜로운 사람은 진실을 보는 눈의 능력을 가진 자들입니다. 다른 말로 나의 감정의 개입 없이 '있는 그대로'를 보는 자라고 할 수 있습니다. 어리석은 사람은 새끼줄을 보면서 뱀이라고 착각하듯이 사물을 '있는 그대로'의 실재를 보지 못하고 사물에 자기 마음을 투영하여 엉뚱하게 보고 있는 것입니다.

안데스 어느 마을에서는 야크를 죽이면서 심장의 색깔에 따라 점을 치기도 한다고 합니다. 결혼을 하는데 죽인 야크의 심장의 색깔이 좋으면 좋은 결혼생활을 할 수 있을 것이라고 하고, 심장의 색깔이 좋지 않으면 결혼 생활이 좋지 않을 것이라고 미리 예측을 하여 거기에 맞는 준비를 한다는 것입니다. 하지만 현대인들은 죽은 야크의 심장으로 결혼의 운을 치지 않습니다. 배운 지식에 의해서 죽은 야크 심장이 결혼 생활과 아무런 관계가 없다는 것을 분명히 알기 때문입니다.

우리의 어리석음은 가끔 우리 스스로를 그렇게 어리석게 만들기도 합니다. 흔히 하는 이야기 중에 징크스라는 말이 있습니다. 시험 볼 때 엿을 먹는다든가, 미역국을 먹지 않는 것이 바로 그것인데 사실 그런 것과 시험결과와는 아무런 연관이 없음을 지혜로운 사람은 알고 있습니다. 하지만 어리석은 사람들은 오히려 자신의 실력 보다는 그런 징크스에 더욱 매달려 신경을 쓰는 경향이 있습니다. 그래서 수능 때가 되면 절에서 별별 기도가 있는 것도 바로 그런 이유입니다. 하지만 진정으로 지혜로운 사람은 어리석은 마음이 만들어준 징크스보다는 오로지 자신의 실력을 쌓는데 집중 할 따름입니다.

우리는 진정으로 진실을 보는 눈을 키워야 합니다. 진실의 눈을 키운다면 밤에 산길을 걸을 때 무서움을 덜 느끼게 될 것입니다. 진실은 낮에 보았던 사물과 밤에 보았던 사물에는 별 차이가 없기 때문입니다. 하지만 똑같은 사물을 보더라도 낮과 밤에 차이 두고 보는 사람이 있습니다. 지혜로운 이는 낮과 밤에 보았던 사물이 차이 없음을 알기에 별로 무서움을 느끼지 않지만 어리석은 사람은 낮에 보았던 사물과 밤에 보았던 사물을 내 마음속에 저장된 업식으로 보기 때문에 차이가 있고 그래서 밤길을 무서워하는 것입니다. 어찌보면 무서움이나 두려움이 많은 사람은 실재를 보는 눈이 없으며 진실을 보는 눈이 부족하다는 의미이기도 합니다. 진실보다는 자기의 감정으로 사물을 느끼는 것이 크기 때문입니다.

　우리는 진실을 보는 눈을 키워야 합니다. 그것이 우리를 덮고 있는 무명으로부터 우리를 자유롭게 하는 근원이 되기 때문입니다.

절대평등을 찾아서

여름 기온이 참 만만치 않았던 것 같습니다. 열대야가 며칠 동안 계속되어 잠 못 이루는 사람도 있었고, 덥고 습한 기온 때문에 짜증이 많아지고 불쾌감이 늘어 수행하기도 힘든 하루하루였습니다.

하지만 그렇게 더운 여름이 아주 반가운 사람들이 있었습니다. 그분들은 다름 아닌 해수욕장에서 장사하는 분들이었는데, 방송 인터뷰에서 그분들은 이 여름이 너무 반갑다고 하는 말을 들었습니다.

"날씨가 너무 더워 사람들이 해수욕장을 많이 찾아주니 너무 좋고 신이 납니다."

그분의 인터뷰를 들으며 '아, 이 살인적인 더위가 어떤 사람에게는 즐거움이 될 수 있겠구나!' 하는 생각이 들었습니다. 그러고 보면 우리네 삶에서 '절대(絶代)'라는 것은 없는 것 같습니다. 누구에게 행복한 일이 누구에게는 불행하고, 누구에게는 불행한 일이 누구에게는 행복한 일이 될 수 있기 때문입니다. 한 겨울에 펑펑 내리는 함박눈은 스키를 즐기는 사람들에게는 더할 나위없는 행복을 주지만, 운전을 하며 먼 거리를 가야 할 사람에게는 그 함박눈은 고통이 아닐 수가 없습니다.

　이런 자연적인 현상 말고, 사람의 일도 마찬가지 인 것 같습니다. 똑 같은 충고도 어떤 사람에게는 득이 되지만 어떤 사람에게는 독이 될 수가 있습니다. 이런 것을 생각하면, 여럿이 있을 때 누구를 칭찬하는 일은 참 삼가 해야 할 것 같습니다. 누구인가를 칭찬하면 누구인가가 그 칭찬으로 인해 고통스러울 수도 있으니 말입니다. 그것은 바로 비교 된 삶이 가져다주는 고통 때문일 것입니다.

　하지만 현실적으로 비교하지 않은 삶이 가능 할까요? 만약 학교에서 다른 학생들과 비교하지 않는다고 성적을 내지 않는다면, 아마 학교 존립 자체가 불투명 해질 것입니다. 대입시험도 그렇고, 입사 시험도 그렇고, 승진 시험도 그렇습니다. 오히려 시험이 없다면 대 혼란이 일어 날것입니다. 요즘 말로 갑질하는 사람들의 세상이 될 테니까요. 성적이 아니라, 인성만 가지고 뽑는다고 해도 그것 또한 비교이고, 오히려 더 혼 큰 혼란이 일어 날 것입니다.

그러고 보면 '비교'는 필요악인 것 같습니다. 어차피 인간은 사회적 동물이기 때문에 남과 비교하며 살 수 밖에 없는 것 같고, 경쟁하며 살 수밖에 없다는 이야기입니다. 그래서 나의 행복이 남에게 불행을 가져다 줄 수 있고, 나의 불행이 남에게는 행복이 될 수 있는 것이 우리가 사는 사회입니다. 내가 시험에 떨어져 불행하면 나로 인하여 누군가는 합격해서 행복할 수 있고, 내가 합격해서 행복하면 나로 인하여 누군가 떨어져서 불행할 수 있습니다. 이런 것도 모르고 어떤 사람들은 부처님이나 하느님께 내 자식 합격시켜 달라고 빌고 그것을 이용해서 돈벌이 장사를 하는 성직자들도 있습니다.

하지만 부처님이나 하느님이 제정신이라면 기도 많이 했으니 합격시키고, 기도 안 했으니 불합격시키고 그렇게 하겠습니까? 그것은 경쟁 사회가 만든 웃지 못 할 희극 중에 하나입니다. 부처님이나 하느님이 상품화 되어버린 것입니다. 부처님도 어느 부처님은 복을 많이 주고, 어느 부처님은 복도 안주는 부처가 있습니다. 그래서 복 많이 주는 부처님으로 쏠림현상도 있습니다. 대구의 갓바위 부처님은 매년 시험 철에만 되면 중생들의 애원하는 소리에 아주 힘들성 싶습니다. 그렇게 기도해서 합격할 것만 같으면 어릴 때부터 공부는 시키지 말고 부처님께 기도하면 될 일인데 무엇 때문에 과외는 과외대로 시키고 시험 철에는 부처님께 합격시켜 달라고 기도하는지 알다가도 모를 일입니다.

아무튼 참 재미있는 현상입니다. 부처의 세계도 인간들처럼 차별이 존재하는 가 봅니다. 절대 평등을 말씀하신 부처님이 차별하고 계시다니……. 누가 처음에 그런 말을 꺼냈는지는 모르지만 인간이 만든 최대의 개그가 아닌가, 하는 생각이 듭니다.

그렇다면 '이 경쟁과 비교의 고통을 언제까지 이렇게 느끼면서 살아야 되는가'하는 회의가 생깁니다. 누군가의 행복이 누군가의 고통을 만드는 이 세상에서 서로 서로 행복해질 수 있는 방법은 없는가? 윈(win) 윈(win)의 방법은 없는가? 사회를 살아가는 사람으로서 경쟁에 부딪힐 때마다 한번쯤 생각해보아야 할 문제인 것 같습니다. 또한 종교인인 불자의 입장으로 항상 고민해야 하는 문제가 아닌가 싶습니다.

아이슈타인은 상대성원리를 발표하여 절대적인 것을 부정 했습니다. 물질적인 입장에서 보면 절대라는 것은 없습니다. 하지만 본질을 보면 절대평등이라는 것이 있습니다. 좀 더 깊이 들어가면 물질세계나 정신세계나 똑같이 우리는 절대 평등의 세상에서 살고 있습니다. 그 절대 평등의 세계를 불교적 용어로 '아뇩다라 삼막 삼보리'라고 말을 합니다. '아뇩다라' 라는 말을 풀이하면 '가장 높고 존귀한'이라는 뜻이며, '삼막'의 풀이는 '삼'은 한자어로 '바를 정(正)'으로 해석하고 '막'은 한자어로 '가지런할 등(等)'로 표현하여 '삼막'은 한자어로 정등(正等)이라 하여 '절대 평등'을 말합니다. 또한 삼보리는 한자어로 정각(正覺)이라

표현하여 '아뇩다라 삼막 삼보리심'을 풀이라면 '가장 높고 존귀한 절대 평등과 완전한 깨달음'으로 표현합니다.

사실 우리는 '절대 평등' 속에서 살고 있는데 절대 평등 속에 있음을 알지 못합니다. 이것이 우리의 어리석음입니다. 전기는 에어콘을 통과하면 시원한 바람을 내고, 형광등을 통과하면 빛을 만들어내고, 원동기를 통과하면 힘찬 에너지를 만들고, 다리미를 통과하면 뜨거운 열을 만듭니다. 하지만 원래 전기라는 것이 똑 같습니다. 참 생명의 본질도 이 처럼 모두 똑 같은데 그 생명이 어떻게 통과하느냐에 따라서 모습도 달라지고, 에너지도 달라지고, 활동 범위도 달라집니다. 겉으로 들어나는 인간의 모습은 다르지만 인간이 가지고 있는 그 본질은 같습니다. 인간만이 아니라, 인간을 비롯한 동식물, 생명이 없는 무정물 등, 이 우주 전체가 그 본질의 참 생명은 같습니다. 단지 그 방편의 삶이 어떻게 살아가느냐에 따라 달라질 뿐입니다. 이 사실을 우리는 깨달아야 합니다.

본질을 알아채는 지혜를 키워야 합니다. 선사들은 '본질을 보는 것은 '내 눈으로 내 눈을 보는 것과 같다'라고 말합니다. 내 눈으로 세상을 모든 볼 수 있지만 단 한 가지 못 보는 것은 바로 내 눈입니다. 본질에 대해 알 수는 있지만 볼 수 없고, 뭐라고 말할 수도 없다는 이야기입니다. 그 본질에 대해 혜능 선사는 '본래무일물'(本來無一物) 이라고 말했습니다. 본래 한 물건도 없다는 이야기입니다. 이 세상에 존재하는 것들은 무엇이든 한물건도 없는 절대 평등의 세계에서 살아갑니다. 단지 우리가 만든 그 의식이 가증스럽게도 분별을 만들고 있을 뿐입니다.

본질을 깨닫고 보면 우리는 절대 평등의 세계에서 살고 있습니다. 누구나 완전한 깨달음 속에서 살고 있습니다. 단지 우리는 무명으로 그 본질을 보지 못하기 때문에 차별의 억울함과 행복과 불행의 분별 속에 살아가고 있을 뿐입니다.

사회적으로 비록 우리가 차별하고 경쟁 속에 살 수밖에 없지만 종교, 특히 불교의 본질을 깨우쳐서 모든 생명체가 절대 평등에 있다는 것을 알고 살아가야 합니다. 우리가 그것을 깨우친다면 상대적 빈곤감이나 불평등과 경쟁의 아픔을 즐거움과 평안함과 행복한 마음으로 변화시키는 힘이 생길 것입니다.

우리는 처음부터 모두 빈 배였습니다.

그 먼 나라를 알으십니까

어머니,
당신은 그 먼 나라를 알으십니까?

깊은 삼림지대를 끼고 돌면
고요한 호수에 흰 물새 날고
좁은 들길에 들장미 열매 붉어
멀리 노루 새끼 마음 놓고 뛰어다니는
아무도 살지 않은 그 먼 나라를 알으십니까?

그 나라에 가실 때에는 부디 잊지 마셔요
나와 같이 그 나라에서 가서 비둘기를 키웁시다.

어머니,
당신은 그 먼 나라를 알으십니까?

-그 먼 나를 알으십니까 (일부) 신석정-

여러분들은 먼 나라를 아십니까? 이 시는 신석정 시인의 시로써 제가 사춘기 시절에 가장 좋아 했던 시중에 하나입니다. 저는 이 시를 너무나 좋아해서 줄줄히 외고 다니며 무슨 일이 있을 때마다 이 시의 제목을 사람들에게 재미 삼아 묻곤 했습니다.

"당신은 그 먼 나라를 아십니까?" 라고……. '그 먼 나라'는 사춘기 시절, 현실을 회피하고 싶은 제 마음속에 하나의 이상 세계와도 같은 꿈꾸는 세계였습니다. 특히 이 시에 나타나는 전원생활은 내 삶의 꿈이기도 했습니다. 인위가 없는 자연 그대로의 순수함을 지닌 세계. 그것은 동경을 넘어 내 삶으로 옮겨 놓고 싶은 세계였습니다.

그래서 젊은 시절부터 집을 시골로 옮겨 그곳에서 내 이상의 세계를 찾고자 했습니다. 상추도 심고 나무도 가꾸면서 전원생활을 누려보고자 했습니다. 그러나 내가 꿈꾸는 전원생활은 그렇게 썩 낭만적이지 못했습니다. 처음에는 정말 좋았는데 시골생활에 젖어 들면서 그 생활이 일상처럼 타성에 젖어 그저 그렇게 익숙해져 버렸습니다. 시골에서의 생활과 도시에서의 차이점을 발견하지 못한 것입니다. 그래서 더 깊은 산속을 동경하고, 아무도 살지 않은 그 먼 나라를 염원하게 된 것입니다.

하지만 불교를 만나고 공부가 조금씩 익어 갈수록 그 동경의 세계는 이 세상에 없다는 것을 알게 되었습니다. 아무리 아름다운 꽃도 몇 번 보면 별로 그 아름다움을 못 느끼듯 우리들이 찾는 이 세상에서의 이상향의 세계는 있을 수가 없다는 생각이 들었습니다. 색계에서 찾는 행복의 한계라고 할까요. 그것만 이루면 더 이상 소원이 없을 것 같은데 이루고 보면 또 다른 것을 찾고자 하는 욕망이 마음속에서 꿈틀거립니다. 그것은 끝이 없었고, 자연을 찾고자 하는 욕망도 마찬가지 이었습니다. 그래서 결국 외부에서 찾는 행복은 한계가 있음을 깨달았습니다. 거기가 여기였고, 여기가 거기 이었습니다. '그 먼 나라'는 결국 없음을 알았습니다.

벨기에의 세익스피어라고 불리는 모르스 마테를링크 작품 '파랑새'에는 이런 이야기가 나옵니다.

요술쟁이 할머니는 가난한 나무꾼의 아들인 틸틸과 미틸에게 파랑새를 찾아달라고 부탁을 합니다. 어린 남매 틸틸과 미틸는 할머니의 부탁을 받고 파랑새를 찾아 길을 떠납니다. 틸틸과 미틸은 기억의 나라, 밤의 궁전, 사치의 궁전, 미래의 궁전을 차례로 찾아가면서 파랑새를 찾고자 합니다. 하지만 찾아냈다고 생각한 파랑새들은 그때마다 이상한 모양으로 변해버리고 맙니다. 결국 어디에서도 파랑새를 찾을 수 없었던 틸틸과 미틸은 모험을 마치고 집으로 돌아옵니다.

그런데 다음날 아침 집에서 기르던 비둘기가 파랑새로 변해 있다는 사실을 알고 깜짝 놀라면서 이야기의 결말을 맺습니다.

이 작품은 1908년에 씌여 1911년 노벨 문학상을 수상한 작품으로, 행복은 결코 먼 곳에 있는 것이 아니라 가장 가까운 곳에 있다는 이야기를 하기 위해 이 동화를 쓴 것 같습니다.

수행하는 사람들도 마찬가지 인 것 같습니다. 불교의 선지자들은 한결같이 부처를 바깥에서 찾지 말고 마음 안에서 찾으라고 말을 합니다. '마음이 부처이다'(心卽是佛)이라는 말은 불자라면 한 두 번은 들어 보았을 것입니다. 그런데 대부분의 불자들은 바깥에서 부처를 찾으려고 하고 심지어 영험한 부처가 있다는 곳을 찾아 순례를 떠나기도 합니다. 이야기가 조금 벗어납니다만 대구의 팔공산의 갓바위 부처는 수능 때만 되면 수험생 어머니들로 북새통을 이룹니다. 좋은 의미로 보면 자식들의 좋은 성적을 기원하기 위한 어머니의 정성이라고 볼 수도 있습니다. 하지만 조금 더 깊이 들어가면 남보다 내 자식이 더 나은 점수를 받기를 부처님께 빌고 있는 것입니다. 또한 어떤 절들은 그 절의 부처가 영험하다는 것을 대 놓고 선전하여 불교의 본래의 의미를 아주 퇴색시키고 있습니다. 그 절에 와서 기도를 한사람들에게 특별한 혜택을 주는 부처라면 그런 부처는 전혀 믿을 필요성도 존경할 필요성도 없는 부처입니다.

편협하고 분별을 일삼은 부처가 부처라고 할 수 있습니까?

이런 행위들은 모두 부처를 먼 곳에서 찾고자 하기 때문에 생기는 어리석음 때문입니다. 부처는 먼 곳에 있는 게 아니라, 내 마음속에 있습니다. 텅 빈 마음, 그러면서도 모든 것을 다 탄생시키고, 온갖 세상을 만드는 마음. 그 마음이 곧 부처입니다.

버스를 타고 가면서 창밖을 한번 바라보십시오. 뭔가 깊은 생각을 하고 가면 창밖의 풍경이 전혀 들어오지 않습니다. 아무리 화창한 봄날의 꽃들이 피어 있어도 근심과 걱정으로 가득한 마음이면 눈에는 아름다운 풍경이 전혀 들어오지 않습니다. 하지만 마음이 가볍고 행복한 마음이면 풍경 하나하나가 아름다움입니다. 좀 더 깊은 무심이면 네가 없고 나라는 생각이 없어 무아지경에 들어갑니다. 온통 그 자체만 있습니다.

고통스럽고 힘든 것도 외부에서 오는 것이 아니라, 내 마음이 힘들고 고통스럽기 때문에 그렇습니다. 마음을 잘 이해하고 마음을 조절 할 수가 있다면 늘 행복하고 안락하게 살 수 있습니다.

너 때문이 아니라, 바로 나 때문에 그랬습니다.

돈, 명예, 권력이 좋지 않은 환경 때문이 아니라,

바로 내 마음 때문에 그렇습니다.

바로, 내 마음을 알아서,

서리까마귀 높이 날아
산국화 더욱 곱고
노오란 은행잎이 한들한들
푸른 하늘에 날리는 가을이면
내 마음속에서 그 새빨간 능금을
또옥 뚝 따야 할 것 같습니다.

호올로 있게 하소서

가을에는

사랑하게 하소서 …

오직 한 사람을 택하게 하소서

가장 아름다운 열매를 위하여 이 비옥한

시간을 가꾸게 하소서.

가을에는

호올로 있게 하소서 ……

나의 영혼,

굽이치는 바다와

백합의 골짜기를 지나,

마른 나뭇가지 위에 다다른 까마귀같이.

- 가을의 기도 김현승 -

기독교인이었던 김현승의 가을의 기도를 낭송 하고 있노라면 가을의 투명한 햇살 만큼이나 마음이 맑아져 옵니다. 특히 '호올로 있게 하소서'란 대목에서 자신을 철저하게 고독한 존재(까마귀)로 머물게 해 달라는 소망은 엄숙하고도 비장한 수행자의 모습을 떠올리게 합니다. 굽이치는 바다와 백합의 골짜기, 즉 세속의 아름다움과 굴곡 많았던 삶을 떨쳐버리고 홀로 마른 나뭇가지에 앉아 있는 까마귀처럼 고고하게 삶을 관조하는 수행자의 모습은 왠지 기품이 있어 보입니다.

요즘 한국불교의 현실을 바라보고 있으면 참 안타까울 때가 많습니다. 출가를 해도 참 수행을 하려하거나, 포교를 하기 위한 목적의식이나, 또는 가난하고 힘든 자를 돕기 위한 이타행을 위해 출가 하는 사람들이 적기 때문입니다. 그저 삶의 방편이나 호구지책으로 출가 하는 사람들이 많습니다. 물론 처음에는 뭔가 깨달음을 향한 구도의 마음으로 출가를 하였겠지만 한 두 해 절밥을 먹으면서 세속인들과 다름없는 삶을 사는 출가자들이 있어 안타까울 때가 있습니다.

돈을 너무 많이 추구 한다던가, 명예를 추구 한다던가 사회에서 지탄 받은 행위를 출가를 하고나서도 계속하는 것을 종종 봅니다. 돈을 모으기 위해 신도님들에게 별의 별 좋지 못한 수단과 방법도 동원하기도 하고, 불사 헌공이니, 100일 수능기도니, 아픈 사람을 위한 기도니 하는 명목으로 신도들의 약점을 이용하여 돈을 요구하기도 합니다. 그 중에서 제일 많이 신도들에게 요구 하는 것은 아마 불사 헌공일 것입니다. 물론 좋은 환경을 만들기 위한 불사라고들 하지만 수행하고 정진하는데 무슨 좋은 환경이 필요합니까? 수행과 정진은 좋은 환경보다는 오히려 열악한 환경 속에서 더 깊어 갈 수가 있습니다. 수행은 내가 하는 것이지 환경이 만들어 주지 않기 때문입니다.

　스님들도 사람인지라 먹고 써야하는 부분도 있겠지요. 특히나 문명이 발달한 요즘은 예전처럼 나무를 하고 밥만 해서 수행하는 시절이 아니고, 자동차도 있어야 하고 휴대폰도 있어야 하는 세상이니 돈도 필요하겠고, 또한 스님의 노후가 보장 되지 못한 한국불교에서는 자기의 노후를 위한 돈이 어느 정도 필요하다고 봅니다. 그렇지만 필요이상으로 세 불리기를 위해 신도 분들의 주머니를 얇게 만드는 것은 출가자로서 지양해야한다고 봅니다. 특히 부처님을 팔아서 돈을 챙기는 행위나, 신도들에게 두려움을 없애 주어야할 의무가 있는 출가자가 오히려 신도들에게 두려움을 심어주고 돈을 챙기려하는 것은 정말 해서는 안 되는 행위입니다.

　출가인으로서 가장 아름다운 본분은 무소유일 것입니다. '무소유'하면 떠오르는 분은 아마 이미 타계하신 법정 스님일 것입니다. 독실한 카톨릭 신자였던 저를 불교로 이끌어 준 분은 바로 법정스님인데 저는 법정스님을 생전에 한 번도 마주 대한 적은 없습니다. 하지만 스님의 책을 통해서 특히나 '무소유'라는 그 단 한마디에 불교에 매력을 느껴 이렇게 출가자까지 되었습니다.

무소유란 '어떤 것을 가지지 말자' 라는 뜻이 아닙니다. 우리가 살면서 물질적인 것이든, 정신적인 것이든 어느 것도 소유하지 하지 않고 살수는 없습니다. 당장 먹을 것이 필요하고 입을 것이 필요한데 그런 것들을 하나도 소유하지 않고 산다는 것은 있을 수 없는 이야기입니다. 따라서 무소유는 소유는 하되 거기에 집착하지 말고 살자는 이야기입니다. 그리고 되도록 삶에 꼭 필요한 것을 소유할 뿐, 쓸데없는 것들은 배제하자는 것이 무소유의 삶일 것입니다. 소유를 하되 집착하지 않는 삶! 금강경에서 이야기 하는 무주(無住)와 어쩌면 동일한 단어인지도 모릅니다.

도인들과 보통의 사람들의 차이라면 도인들은 흔적을 남기지 않는다고 합니다. 한마디로 어떤 집착도 없다는 이야기입니다. 어떤 장애가 와도 구름에 달 가듯이 가기 때문에 흔적이란 있을 수 없습니다. 마음이 없는 곳에 장애가 있을 수 없습니다. 마치 허공 어디에도 달이 지나간 흔적은 찾을 수 없듯이 달은 그저 지금 그렇게 세상을 비추고 흘러갈 뿐입니다. 모든 상에 대한 집착이 사라지고 나면 삶에 대한 무주(無住)가 이루어질 수밖에 없습니다.

삶을 살되 삶에 집착하지 않고, 죽음에도 집착하지 않으니 삶과 죽음을 초월한 삶이 바로 무소유의 삶입니다. 위시에서 말하는 굽이치는 바다와 백합의 골짜기를 지나, 마른 나뭇가지 위에 다다른 까마귀같이 삶에 초연한 사람- 그것은 우리가 그렇게도 원하는 도인의 삶이 아닐까요?

삶을 되돌아보면 붙잡는 것들이 참 많습니다. 재물, 명예, 성적 욕망, 권력, 자식, 가족. 친구 등등 이중에서도 가장 떼기 힘들 정도로 집착이 강한 것은 아마 자식이 아닌가, 하는 생각이 듭니다. 출가해서 다른 것들은 대충 마음이 편해졌는데 출가하면서 두고 온 자식에 대한 생각을 하면 번뇌가 다시 불같이 일어난다는 어느 스님의 고백을 들어본 적이 있습니다. 그러나 자식과의 관계도 가만히 바라보고 있노라면 사실상 이름에 불과한 허상이라는 것이 확실해집니다. 엄밀하게 이야기 하면 내가 끌고 다니는 내 몸도 내 것이 아닌 지수화풍의 인연 따라 만들어졌는데 내 몸도 아닌 자식의 몸은 더할 나위없습니다. 단지 관계라는 허상으로 이어져 있을 뿐입니다. 그 허상을 허상으로 알지 못하기에 고통스럽고 힘든 집착이 생기는 것입니다. 어쩌면 '무소유의 정신' 이라는 말도 틀린 말이 일 것입니다. 이미 우주 자체가 서로 허상으로 관계 되었을 뿐인 '무소유' 자체이기 때문입니다.

세속의 아름다움과 굴곡 많았던 삶을 떨쳐버리고 홀로 마른 나뭇가지에 앉아 있는 까마귀처럼 고고하게 삶을 관조하는 수행

자의 모습을 오늘도 지니며 살고 싶습니다. 오래전에 정신세계
사 책에서 나온 집착에 대한 이야기가 생각나서 적어 봅니다.

깨달음을 구하는 한 비구니가 나무로 불상을 조각해서 그녀는
어디를 가든지 불상을 가지고 다녔습니다. 불상은 금물을 입혀
예쁘게 단장하고 매일같이 그 불상을 향해 깨달음을 얻게 해 달
라고 기도를 했습니다. 그렇게 몇 년이 흘렀습니다. 그러던 어느
날 그 비구니는 시골의 조그만 암자에 자리를 잡게 되었습니다.
그 암자에는 많은 불상이 있었고 각 불상마다 제단이 놓여 있었
습니다.

그러나 그 비구니는 자신이 가지고 다니는 그 예쁜 불상 앞에
만 향을 피웠습니다. 그런데 그 향연기가 다른 불상에게로 가자
그 비구니는 고민에 빠졌습니다. '어떻게 해야 자기의 예쁜 불상
앞으로만 향연기가 갈 수 있지……' 그러다가 문득 한 가지 꾀
를 생각해 내었습니다. 그것은 향연기가 그 예쁜 불상 앞으로 갈
수 있도록 연통을 만들어 놓은 것이었습니다. 그렇게 며칠이 지
나자 그 불상은 코가 새까맣게 그을려 못생긴 불상이 되어 버렸
습니다.

우리는 집착을 사랑이라 착각하며 사는 것 같습니다. 진전한
사랑은 상대를 자유롭게 하는 것이지만 집착은 상대를 꼼짝 못

하게 얽매이게 합니다. 오늘도 우리는 사랑이라는 이름으로 내 가정을, 내 이웃을, 힘들게 하지 않았나 돌아 볼일입니다. 부처에 대한 사랑도 절 안의 부처가 아니라, 내 이웃에 대한 사랑이 부처를 사랑하는 것입니다.

지금 여기에서,
있는 그대로의 삶

흔히 선사들은 '있는 그대로' 또는 '지금, 여기에서 자기 직분에 충실' 하라고 합니다. 하지만 '있는 그대로'의 삶을 산다는 것이 생각만큼 그렇게 쉽지가 않습니다. 지금의 삶에서 과거를 생각하지 않고, 미래를 꿈꾸지 않으며, 지금 여기에서 무심의 경지로 '있는 그대로' 산다는 것은 생각이 없는 바보이거나, 깨달아 도통한 사람이 아닌 경우 외에는 정말 어렵습니다. 있는 그대로 산다는 것은 바로 사물을 아무런 분별없이 또는 아무런 집착 없이 무심의 마음으로 바라본다는 뜻이기 때문입니다.

우리네 삶은 너무나 분별을 많이 하고 삽니다. 밉고, 예쁘고, 높고 낮고, 잘 살고 못 살고……. 어쩌면 우리네 삶을 지탱하는 것은 분별의 힘인지도 모르겠지만 그것으로 인해 인간의 삶은 힘들고 괴로운 것이 사실입니다. 또한 그 분별을 분별이게 하는 것은 집착입니다. 그 집착으로 인해 우리네 삶 또한 괴롭고 힘듭니다.

집착이라는 용어를 사전에서 찾아보면 '집착이란 잡을 집(執)에 붙을 착(着)을 써서 어떤 것에 마음이 쏠려 잊지 못하고 매달림'이라고 쓰여 있습니다. 우리네 삶을 가만히 보면 이 집착의 연속임을 알 수 있습니다. 부모는 아이에게 집착하고, 공부에 집착하고, 대학에 집착하고, 취업에 집착하고, 애정에 집착하고, 돈에 집착하고, 명예에 집착하고, 건강에 집착하고, 삶에 집착하고…… 결국 인간의 역사는 집착의 역사라고 해도 과언이 아닙니다.

이런 집착의 삶을 훨훨 날려버리고, '지금 여기에서 분별없이 있는 그대로 산다면' 그것이 바로 극락이며 해탈의 세계입니다. 하지만 그것은 말이 쉽지, 보통 인간들이 할 수 있는 역량을 넘어서는 것들입니다. 밥 한 그릇 먹으면서 우리는 밥 한 그릇을 있는 그대로 먹지 못합니다. 밥 한 그릇 먹으면서도 우리는 수없는 생각에 사로잡혀 밥을 먹습니다. 돈 생각, 이성 생각, 누가 어떻다는 생각……, 하여간 있는 그대로의 밥맛을 즐기지 못합니다. 그것이 우리 중생들의 삶입니다. 먹는 것 뿐 만 아니라, 사는 것이 거의 다 그렇습니다.

가끔 아이들은 왜 그렇게 게임을 좋아할까, 하는 생각을 해봅니다. 그것은 게임하는 순간에 아무런 잡념이 들지 않고 게임과

자기가 일치되어 '있는 그대로 삶'을 살기 때문에 그렇습니다. 한마디로 게임 삼매에 빠져 주변에 어떤 일도 그 게임하는 마음을 방해하지 못하기 때문에 그렇게 즐겁게 삼매에 드는 것입니다. 축구 할 때도 그렇고, 재미있는 영화나 드라마 볼 때도 그렇고, 남녀가 사랑에 빠질 때도 그렇습니다. 그 순간 있는 그대로의 삶을 살기에 열반이고 극락입니다. 그러나 중생들은 그때 뿐입니다. 그렇게 재미있을 때만 '지금 여기에서, 있는 그대로'의 삶을 살지만 그 순간을 지나가면 여전히 온전하게 내 삶을 살지 못합니다. 그냥 의식적이던 무의적이든 온갖 번뇌 속에서 살아갑니다.

하지만 매순간 온전하게 '지금 여기에서, 있는 그대로의 삶'을 사는 사람은 매 순간이 극락입니다. 마치 게임 삼매에 빠진 아이들처럼 매 순간이 삼매인 것입니다. 먹으면 먹는 대로 삼매이고, 걸으면 걷고 있는 대로 삼매이며, 보고 있으면 보고 있는 대로 삼매입니다. 이러니 깨달은 사람은 얼마나 좋겠습니까? '날마다 좋은 날'이란 바로 이것을 가르키는 말일 것입니다.

깨달은 사람도 인간인지라, 몸도 아프고, 가까운 사람과 사별을 하면 슬프기도 하고, 어떤 경계에 화나고, 서운하고, 외롭고, 그립고, 아프고, 그런 마음이 있습니다. 그러나 그들은 그런 중생의 번뇌의 마음이 드는 순간 곧바로 진여, 여래, 부처, 참 생명 등으로 불리는 지혜들로 전환하는 마음을 쓸 수 있기에 '날마다 좋은 날'로 살 수 있는 것입니다. 한마디로 장애가 생겨도, 장애가 없다는 이야기입니다. 마음을 알고 있기 때문입니다.

우리의 마음은 텅 빈 허공 같이 맑습니다. 그 맑은 허공에 산이 오면 산을 비추고, 나무가 오면 나무를 비추고, 하늘이 오면 하늘을 비칩니다. 있는 그대로 비칠 따름입니다. 인연 따라서 그렇게 비추지만 본래의 마음은 맑고 깨끗한 거울처럼 텅 비어 있습니다. 그 텅 빈 마음은 깨달은 사람만이 있는 것이 아닙니다. 이 세상 온갖 것들이 이렇게 그 본성은 맑고 깨끗하게 비어있는 것입니다. 그 빈 마음을 중생들은 찾지도 않기 때문에 모를 뿐입니다. 깨달은 사람은 그 본성에 비친 사물이 모두 마음에서 비롯된다는 것을 알 수 있기에 '날마다 좋은 날'로 살아가는 것입니다. 모든 것이 마음이니, 마음대로 쓸 수 있는 지혜가 있다는 이야기입니다.

따라서 우리가 설령 깨닫지 못할 지라도 '지금 여기에서, 있는 그대로의 삶'을 실천 할 수 있다면 우리도 그들과 같이 될 수 있는 것입니다. 과거에 얽매이지 않고, 미래에도 얽매이지 않고, 지금 여기에서 있는 그대로의 삶을 살아보는 것입니다. 밥 먹을 때 온전하게 밥만 먹고, 영화 볼 때 온전하게 영화만 보며, 남이 이야기하면 온전하게 들어주고, 무엇을 할 때 온전하게 무엇인가를 하는, 그렇게 살아보자는 말입니다. 그것이 바로 도(道)입니다.

조주 스님이 남전에게 물었습니다.

"스님! 도(道)란 도대체 무엇입니까?"

"도(道)란 평소의 마음 그대로가 곧 도이다."

조주 스님이 다시 물었습니다.

"그러면 어떻게 해야 그 평소의 마음을 얻을 수 있겠습니까?"

"그것을 얻으려고 하면 곧 도에서 어긋난다."

조주스님이 그 말을 듣고 다시 물었습니다.

"얻으려고 하지 않으면 어떻게 그 도를 알겠습니까?"

그러자 남전 스님께서 말씀 하셨습니다.

"도(道)란 알고 모르는 것과 관계없다. 안다는 것은 망각일 뿐이고, 모른다고 하는것도 무기(無記)일 뿐이다. 만약 의심없이 도를 깨우치고 나면 그것은 허공처럼 확연하여 걸림이 없다. 그러니 어찌 그 도에 대하여 옳다, 그르다 할 수 있겠는가?

이 말을 들은 조주스님은 곧 '평상심이 도'라는 도리를 깨우쳤다.

도를 닦는 것은 멀리 있는 것이 아니고, 힘들어 닦는 것이 아닙니다. 지금 여기에서 매 순간 자기 일에 충실하면 되는 것입니다. 번뇌를 여의고 일의 삼매에 드는 것이 도를 닦는 것입니다.

생각은 하는 것이 아니라
떠오르는 것입니다

　도반 스님께서 한번 읽어보라고 전해준 책을 읽다가, 나도 모르게 '아'하고 탄성이 나왔습니다. 정신과 전문의 전현수 박사의 '생각사용 설명서'라는 책인데 첫 페이지에 '생각은 하는 것이 아니라 떠오르는 것이다.'라는 글귀가 너무나 내 마음에 찌르듯 파고들었기 때문입니다. 그동안 '생각이란 어떤 것일까?' 나름 그 '생각덩어리들'에 대해 개념을 고민 해오던 터였기 때문에 첫 장을 열자마자 '아'하고 탄식을 올린 것입니다.

　'생각은 하는 것이 아니라 떠오르는 것이다.'

　이 말을 제 나름대로 생각하여 '생각이 없는 지혜'라고 고쳐서 생각에 대한 정의를 내렸습니다. '생각이 없는 지혜'라고 하니까, 어떤 사람은 '지혜가 어떻게 생각 없이 이루어 질 수가 있는가?'라고 반문할 수도 있습니다. 그러나 사실은 불교의 가장 큰 핵심이자 큰 지혜가 바로 '생각 없음'입니다. '생각 없음'이 바로 무념(無念)이요, 무심(無心)이기 때문입니다. 무념이나 무심은 무개념의 돌머리, 속된 말로 '무뇌아'를 말하는 것이 아닙니다. 무념이나 무심은 인연 따라 모든 것을 맡긴 상태의 평화를 다르게 말함 입니다. 이 무념과 무심을 다르게 이야기 하면 중도(中道)이고, 공(空)입니다.

흔히 중도(中道)라고 하면 '양끝의 가장 자리' 또는 '가장 적당함'등으로 오해하는 경우가 있습니다. 그러나 중도는 그런 '양끝의 가장 자리' 또는 '가장 적당함'이 아니라 '있음'과 '없음' 또는 '아름다움'과 '추함'을 떠난 있는 그대로의 자리입니다. 있는 그대로 본다는 것은 실상을 본다는 것이며 실재를 본다는 것입니다. 거기에는 한 치의 자기의 감정이나 생각이 개입되지 않고 마치 맑은 거울이 사물을 있는 그대로 비추듯 있는 그대로 보는 것입니다.

흔히 사람들은 어떤 사물을 볼 때 자기의 감정이나 생각을 가지고 봅니다. '좋다' '나쁘다' '그저 그렇다'등등 자기 주관을 섞어서 봅니다. 자기 주관을 섞다보니 어떤 사람에게는 좋고, 어떤 사람에게는 나쁘고, 어떤 사람에게는 예쁘고, 어떤 사람에게는 밉게 보이는 것입니다. 실상을 제대로 보지 않고 있다는 것입니다. 특히 감정이 풍부한 시인이나 예술가들은 사물을 거의 주관적으로 봅니다. 만약에 예술가들이 사물을 있는 그대로 보거나 그린다면 예술적으로 전혀 가치가 없습니다. 오히려 주관적 감성이 풍부할수록 예술적 가치가 큽니다.

따라서 감정의 진폭이 큰 사람일수록 실상을 보기가 어렵습니다. 불교에서 술 먹는 것을 금지시키고 있는데 그것은 술, 그 자체가 나쁜 것이 아니라 술을 통해 감정의 진폭이 커지기 때문에 술 먹는 것을 금지하고 있습니다. 감정의 진폭이 커졌다 하는 것은 있는 그대로 실상을 보지 않고 자기 주관대로 사물을 보고 있다는 의미이기도 합니다. 무심과 무념이 되지 못하고 자기 나름대로 생각하고 판단하여 세상을 보기 때문에 세상은 기쁘고 슬프고, 아름답고 추하고, 좋고 나쁜, 분별의 힘으로 쌓여버린 것입니다. 분별이 클수록 실상을 보기 힘듭니다.

불교의 수행자라면 무심이나 무념에 최고의 가치를 두어야 합니다. 그렇다고 이 무념이나 무심의 상태가 되기 위하여 인위적으로 어떤 수행을 해야 한다는 의미는 아닙니다. 수행을 통해 이루어지는 무념과 무심은 어느 정도의 무념과 무심의 상태를 이룰 수 있지만 수행보다는 본질을 체험함으로서 무념과 무심의 상태를 이루어야 한다는 말입니다.

앞에서 말을 했지만 무심과 무념상태가 '완전한 생각 없음'이 아닙니다. 인간은 생각없이 살 수가 없기 때문입니다. 머릿속에 생각이 없는 상태는 죽었을 때나 뇌사상태에 빠졌을 때나 있습니다. 생각은 존재하지만 '생각이 없는 지혜'를 말한다는 것은 한마디로 집착 없음을 말함입니다. 다르게 말하면 지금 여기에서 과거와 미래를 생각함에 있어서 거기에 얽매이지 않고 자유로움을 이야기 하는 것입니다.

　생각이 자유로움으로 활용될 때 그것이 바로 무심이며 무념입니다. 모든 것을 인연에 맡기며 철저하게 수동적이 되는 삶이 무념이며 무심의 삶입니다. 무심은 다른 이름으로 자유로움이며, 매 순간 창조이며, 평화입니다. 이런 무심이 '생각없는 지혜'라고 감히 말하고 싶은 것입니다.

　'생각은 하는 것이 아니라 떠오르는 것입니다.'

느리게 천천히

　겨울 산사에 온통 눈입니다. 아침 공양을 끝내고 도반 스님과 눈을 치우는데 춥고 손발이 시려서 빨리 끝내고 싶은 마음이 간절합니다. 대충대충 치우고 뜨뜻한 방안으로 달려가고 싶은 마음이 굴뚝같은 데, 도반스님은 꼼꼼히 치울 것은 다 치우고 차 한잔 마셔가며 여유가 있습니다. 어디서 그런 여유가 나오는지, 처음에는 불만스럽다가 차츰 그 여유가 아름답다는 생각마저 듭니다.

　현대인들은 우리 도반 스님의 여유 같은 것이 없는 것 같습니다. 아침에 눈뜨자마자 정신없이 밥 먹고, 세수하고, 학교나 직장이나 일터로 가기 바쁩니다. 직장이나 일터에서도 '빨리, 빨리'를 강요받다가 지친 몸으로 집으로 돌아오면, 집에서도 부모님이나 아내의 성화에 '빨리, 빨리'를 강요받기 일쑤입니다. 식

사시간도 겨우 20분 넘기기도 힘듭니다. 모든 것이 '빨리, 빨리'라고 해서 이제는 한국을 대표하는 문화마저도 '빨리 빨리 문화'라고 이름 지어졌습니다. TV의 세계테마여행 같은 것을 보면 우리 민족만큼 바쁘게 사는 민족이 없는 것 같습니다. 누군가는 사계절이 뚜렷하여 겨울이 오기 전에 빨리빨리 곡식을 거두다보니 그렇게 되었다는 말도 있는데 그런 근면성 보다는 불안이 너무 깊어서 이리저리 뛰어다닐 수밖에 없는 민족성 때문인지도 모릅니다. 항상 외부 침략의 불안 속에서 살 수밖에 없었던 민족인 것을 보면. 여유가 없다는 것은 그 만큼 '나'를 알지 못하고 사는 삶이라고 할 수 있습니다. 내 삶에서 '내'가 주인공이 되어야 하는데 '내'가 주인공이 되지 못하고 '빨리빨리'의 모든 경계가 내 삶을 채워버린 것입니다. '나'는 없고 껍데기들만 있습니다. 헛껍데기들이 울다가, 웃다가, 성내다가 별짓을 다 하고만 꼴입니다. 온갖 경계가 나를 채워버렸기에 때문입니다.

　이제는 이 '빨리빨리'에서 벗어나 좀 천천히 살아야 할 것 같습니다. 천천히 살다보면 그동안 안 보였던 것이 보이기도 합니다. 화분에 핀 보잘 것 없었던 꽃이 갑자기 다가와 예쁘게 보이기도 하고, 양말 한 짝이 방안에 널브러져 있는 모습에서 갑자기 웃음이 나올 수도 있고, 바람에 흔들이는 나뭇가지가 안쓰럽게 눈에 들어올 수 있습니다.

　이런 상태를 저는 '선정(禪定)'이라 부릅니다. 이렇게 고요하게 앉아 천천히 사물 하나하나가 눈에 또는 귀에 들어와 오로지 그 것에만 집중 될 때, 제 나름대로 선정에 들었다고 말합니다. 꼭 무아지경이 되어 시간도 공간도 잊어버린 상태만 선정이 아니라 어떤 사물을 있는 그대로 볼 수만 있다면 그것이 바로 선정이라고 생각합니다. 그것은 기쁨이고 환희입니다. 있는 그대로 모습의 아름다움입니다. 어느 것 하나 잘못된 것이 없습니다.

선정에 들었다고 하는 것은 화두를 챙기고 '무아'의 상태가 되었다고 말하지만 저는 선정을 그렇게 크게 생각하지 않습니다. 선정은 바로 고요한 마음입니다. 고요하게 앉아 있으면 복잡하고 헝클어진 마음이 차분하게 가라앉습니다. 마치 흙탕물을 가만히 놓아두면 흙은 가라앉고 맑은 물이 생기듯 말입니다. 맑은 물은 사물을 있는 그대로 비칩니다. 고요한 마음역시 맑고 깨끗한 물처럼 청정해져서 떠오르는 생각들을 그대로 비추다가 사라집니다. 생각에 집착하지 않고 떠올랐다가 사라지면 그 뿐입니다. 바로 텅 빈 마음, 즉 본래면목 즉 실재를 보는 것입니다. 실재를 본다는 것은 지혜로움인데 선정이 곧 지혜로움이라고 말하는 것이 바로 이것입니다. 그래서 수심결에 정즉혜(定則慧)라고 말하고 있습니다.

천천히 느리게 사는 것도 지혜일 수도 있습니다. 어차피 우리가 가야할 길은 결론이 나와 있기 때문입니다. 그 결론이란 죽음입니다. 죽을 힘을 다해 빨리빨리 가봐야 그곳이고, 천천히 느리게 가 봐도 그곳입니다. 이왕 세상에 태어났으니 천천히 세상 구경도 하면서 사는 것이 오히려 좋을 것 같습니다. 빨리빨리 가면서 뭘 보는 줄도 모르고 그냥 목표만 향해 달리다보면 진정 삶의 사소한 행복들을 놓칠 수가 있습니다. 설령 목표에 도착했다고 해도, 기쁨은 잠시입니다. 목표에 다다르면 엄청 행복할 것 같지만 그 사람 앞에는 또 다른 목표가 떡하니 버티고 있어 빨리 오라고 손짓합니다. 그러면 빨리빨리 살아 온 업대로 또 안 뛸 수 없어 죽으라고 뛰다가 세상 마치는 것입니다. 그리고 죽을 때 '아, 속았어!'라고 말을 할 수밖에 없습니다.

천천히 느리게 세상 구경하면서 사십시다. 여행하면서 구경하라는 이야기가 아니라 조그마한 것들에도 마음을 주면서 함께 살자는 것입니다. 주변을 돌아보십시오. 마음 줄 것이 많이 있습니다. 가족에 대한 사랑부터 이웃, 나무, 동물, 무정물의 사물까지……

남으로 창을 내겠소
밭이 한참갈이

괭이로 파고
호미론 풀을 매지오
구름이 꼬인다 갈리 있오
새 노래는 공으로 드르랴오

강냉이가 익걸랑
함께 와 자셔도 좋소

왜 사냐건
그냥 웃지오

– 남으로 창을 내겠소 김상용 –

나를
묶고 있는 것은

우리가 종교 활동을 하면서 계를 지키는 것이 어떤 의미가 있는지 한번 생각해 볼일입니다. 계는 각 종교마다 가지고 있는 특성이고, 계는 종교를 이어가게 하는 힘이 되기도 합니다. 계를 지킴으로서 자신의 영혼을 맑게 만들고 마구니들로부터 자신을 보호하는 힘을 키우는 것이 바로 계이기 때문입니다. 하지만 계는 우리의 고정관념을 더욱 굳건하게 하여 우리의 자유로운 영혼을 막는 장애가 되기도 합니다.

계는 개인이 스스로 지키고자 하는 계도 있지만 각 종교 특유의 계가 있습니다. 예를 들면 무슬림들은 돼지고기를 먹지 않는다든가, 힌두교인들은 소고기를 절대 먹지 않는가, 하는 것이 바로 그것입니다. 고기만 먹지 않은 것이 아니라 돼지고기나 소고기 기름으로 만든 과자나 여타의 음식물을 절대 먹지 않습니다.

외람된 이야기지만 이 돼지고기와 소고기의 기름 때문에 세계사가 바뀌는 일도 있었습니다. 그것은 다름 아닌 세포이 항쟁입니다.

'세포이'라는 말은 인도인 용병이라는 뜻입니다. 세포이는 총에 탄알을 재기 위해서 기름이 발라진 탄약통 끝부분을 물어 떼어야 했는데 탄약통을 매끄럽게 하기 위해 사용된 기름이 바로 돼지와 소의 기름을 혼합한 것입니다. 돼지와 소의 기름을 입에 대는 것은 이슬람교도들에게도 힌두교도들에게도 엄청난 모욕이었기에 이로 인해 반발로 생긴 것이 바로 세포이 항쟁입니다. 물론 세포이 항쟁은 영국의 무력에 의해서 진압되었지만 이로 인해 영국은 동인도 회사를 폐지하고, 영국이 직접 인도를 지배함으로서 전통적인 인도 사회구조는 무너지기 시작했으며 결국 서구화된 계급제도가 인도에 생기기 시작한 것입니다.

세계역사를 보면 종교로 인한 전쟁은 무수하게 많지만 근대화에서 계로 인해 생긴 변화는 이 세포이 항쟁이 의미가 있다고 볼 수 있을 것입니다. 다르게 생각해보면 그 많은 종교전쟁도 어쩌면 서로 다른 계 때문에 생긴 것이라고 해도 과언이 아닐 것입니다. 우리가 믿고 따르는 불교도 동남아시아 쪽의 남방불교와 중국 한국 등의 북방불교와는 계에 있어서 현저한 차이가 있는 것을 인정하지 않을 수 없습니다. 그 중에서 가장 큰 계의 차이는 남방불교는 육식이나 생선을 섭취하는 것에 그렇게 부정적이지 않는 데에 비해, 중국이나 한국 같은 북방불교 쪽의 스님들은 완전히 채식만을 해야 합니다. 스님들이 만약 음식점에서 고기를 먹는 모습을 보면 불교를 믿지 않는 사람일지라도 그 스님에 대해 곱지 않은 시선을 보내는 것이 보통의 한국사회의 모습입니다.

같은 불교도 이렇게 지역에 따라 계를 지키는 방식이 다른데, 이 지구상에는 별의별의 종교가 있고, 그 종교에 따라 각자의 계가 존재한다면 이 지구상의 계도 엄청나게 많이 존재 할 것입니다. 여기에는 이쪽 계가 존재하고 저기에는 저쪽 계가 존재할 것이고, 이 종교는 이 계가 존재하고, 저 종교는 저 계가 존재할 것입니다.

그렇다면 어떤 것이 정답일까요? 돼지고기를 먹지 말아야 할까요, 소고기를 먹지 말아야 할까요? 고기 자체를 먹지 말아야 할까요? 아니면 고기를 먹어도 괜찮을까요?

결국 그 정답은 계를 지키는 사람의 마음에 달려 있다고 봅니다. 어떤 사람은 고기를 먹어도 아무렇지 않고, 어떤 사람은 고기를 먹으면 죄책감에 시달립니다. 단지 먹는 것을 예를 들어서 그렇지, 먹는 것 말고 다른 계들은 무수하게 많고 그 계를 지키지 않을 때 사람들은 각자 괴로움과 죄책감에 시달립니다. 제가 아는 기독교신자는 주일예배를 하루 빠졌다고 엄청 괴로워하는 것을 보았습니다. 불교신자는 일요법회를 빠졌다고 괴로워하는 것을 본적이 별로 없습니다.

제가 학창시절에 천주교회를 다닌 적이 있습니다. 그때는 꽤 열심히 성당을 다녔고, 나름 믿음이 강해서 매일 하느님께 묵주 기도를 올렸습니다. 매일 매일 잠자리에서 기도를 올리지 않으면 저는 잠을 이룰 수가 없었습니다. 어떤 경우라도 기도를 올리는 계만큼은 아주 철저하게 지켰고, 묵주를 마치 신의 선물인 듯 아주 조심스럽게 다루었습니다.

기도 내용은 좋은 대학에 합격해달라는 기도였고, 대학에 들어와서는 신춘문예에 당선시켜 달라는 기도였습니다. 그렇게 열심히 기도를 했는데에도 저는 좋은 대학에도 못 들어갔고, 신춘문예는 매년 떨어졌습니다. 떨어질 때마다 나의 기도가 약해서 그럴 것이라고 생각을 하면서 공부나 열심히 습작을 하는 것보다도 기도에 치중했습니다. 묵주를 품에 꼭 넣고 철저한 계를 지키면서 기도를 참 열심히 했었습니다. 하지만 여전히 나의 간절한 기도는 성취되지도 않았습니다.

그러던 어느 날, 그렇게 신주단지 모시던 묵주를 갈갈이 잘라 버렸습니다. 잠 못 이루고 썼던 작품이 낙선되고, 기도를 그렇게 열심히 했는데에도 떨어뜨린 하나님에 대한 분노 때문이었습니다. 묵주 알이 사방으로 튕겨져 나갔고, 분노에 찬 눈으로 흩어진 묵주를 한참을 노려보았습니다.

그러나 분노의 마음도 잠시, 슬그머니 두려움이 엄습하기 시작했습니다. 그 묵주가 왠지 하느님의 노여움을 사 나를 해코지할 것 같다는 생각이 들었기 때문이었습니다. 두려움에 하루 종일 집에도 못 들어가고 길거리를 헤매며 돌아다녔습니다. 하느님의 환청이 들려오는 듯도 했습니다.

하지만 아무 일도 일어나지 않았습니다. 다음 날도, 그 다음 날도……. 저는 잘라진 묵주를 버렸고 그 뒤로 기도는 하지 않았습니다. 공부나 습작보다도 하나님에 의지하여 무엇을 얻어 보려고 했던 자신이 참 어리석었다는 반성이 일었습니다.

계라는 것은 사실 자기 자신과의 약속일 뿐, 계를 버렸다고 외부에서 그로인한 해코지는 절대 없습니다. 무슬림이 돼지고기를 먹는다고 해서 알라께서 그를 해코지 할 리가 없으며, 힌두인들이 소고기를 먹는다고 해서 쉬바신이 화낼 리가 없습니다. 그리고 기독교인이 주일날 하루 빠졌다고 하느님이 노여워할 리가 없습니다. 그냥 자신과의 약속을 지키지 못한 것이 자기 스스로 자기를 두렵게 할 뿐이지, 외부의 영향이나 해코지는 없습니다. 만약 계를 지키지 못해, 하나님이나 알라가, 부처님이 해코지 했다면 이 지구상에는 한사람도 남지 않았을 것입니다. 지구상에 돼지고기를 먹는 사람이 얼마이고, 소고기를 먹는 사람이 얼마이고, 또한 주일날 교회를 가지 않은 사람들이 얼마입니까? 그들이 모두 그런 계를 지키지 않아 해코지를 당해야 한다면 이 지구상에는 한명도 남지 않아야 합니다. 하지만 돼지고기를 먹었든 소고기를 먹었든, 또 일요일 날 교회를 가지 않았든, 사람들에게 아무 일도 일어나지 않았기에 오늘날에 지구상에 사람들이 존재합니다.

그럼에도 불구하고 우리들이 어느 정도 성장하기까지는 계는 지켜야 합니다. 계는 마구니로부터 우리 스스로를 지키는 힘이 되기 때문입니다. 마구니라는 것은 외부에서 오는 마구니를 흔히 생각하기 쉬운데 마구니는 외부에서 오는 것이 아니라 바로 내 마음 내부에서 오는 마구니를 말합니다. 흔히 하는 말로 '천군만마를 이기는 것보다도, 나를 이기는 것이 어렵다'는 말을 합니다. 모든 문제가 나로 인해 발생하는데 그 '나'를 이기기가 보통 어려운 것이 아닙니다. 오랫동안 쌓여 온 업식 때문입니다. 욕심과 성냄과 어리석음이 온통 나를 덮고 있기 때문에 그 탐진치의 마구니는 시시탐탐 언제든지 나를 무너뜨리려고 준비하고 있습니다. 그 탐진치 업식의 마구니로부터 나를 지키는 것이 바로 '계'입니다. 계를 지키는 사람은 고기의 유혹으로부터 한번 참음으로서 그 만큼 자신이 성장하는 것이며, 주일날 교회에 꼭 참석하는 것도 자신이 성장하는 것입니다.

그렇지만 어느 정도 성장한 후에는 계를 위한 계를 지키는 것을 삼가 해야 합니다. 계는 성장을 방해하는 한 요인이기 때문입니다. 나를 묶고 있는 것은 결국 나입니다. 성장을 위해서는 나를 묶고 있는 밧줄을 풀어야합니다. 그래서 자유로운 영혼이 되어야 합니다. 과감하게 계를 깨는 것도 자신을 성장 시키는 것입니다. 계라는 고정관념에서 벗어나 자유로운 영혼을 지니는 것이 달마가 동쪽으로 온 까닭이기 때문입니다.

'나' 때문에

마을 한복판에서 싸우는 소리가 들려 밖을 나가보니, 마을노인 두 분이 땅 두어 평을 가지고 내 땅이니, 네 땅이 아니니 하며 싸움을 하고 있었습니다. 자세한 내용은 모르겠으나, 어릴 적부터 같이 살아온 두 사람들이 땅 두 평 때문에 그렇게까지 싸움하는 소리를 들으니 왠지 씁쓸한 기분마저 들었습니다. 그나마 그 땅이 싸움을 해서 찾을 땅이 아니고 이미 벽으로 쌓아버려서 그 땅을 찾기 위해서는 벽을 허물어야 상황이어서 어떻게 보면 그 싸움은 아무런 의미가 없는 감정싸움에 불과 것이었습니다. 왜 그런 싸움을 하는지…….

우리는 살아가면서 너무나 하찮고 의미 없는 일에 목숨을 거는 경우를 종종 봅니다. 친구와 사소한 말다툼을 하다가 살인을 하거나, 부모님으로부터 꾸중을 들었다고 아파트에서 몸을 던지거나, 숟가락을 남편 식탁에 놓지 않아서 서로 부부간에 말다툼 하다가 결국 이혼을 하거나, 옆에서 보면 너무나 하찮은 일인데 사람들은 인생을 걸고 싸움을 합니다. 특히 부부간의 말다툼은 참 시시한 것에서 비롯되어 감정싸움으로 비화되고, 이미 필요 없는 과거 일까지 들어 내여 시댁, 처가 일까지 나오면서 급기야 이혼을 불사하기도 합니다. 제 3자의 입장에서 보면 참 하찮은 일들인데 그들은 목숨을 내 놓고 싸움을 하는 것입니다.

그런데 인간들은 왜 그 사소함을 알아차리지 못하고 목숨을 거는 것일까요. 그 해답은 바로 아만, 아애, 아취와 같은 '나'에서 찾을 수 있습니다. '나'가 문제인 것입니다.

사실 싸움은 '나' 때문에 시작되는 것인데, 사람들은 모두 '당신 때문에' '너 때문에' 라고 생각하기 때문에 싸움이 일어납니다. 나'를 내세우려고 하기 있기 때문에 싸움이 생기고, 내 것, 우리 편, 우리의 사상이 이겨야 한다는 생각 때문에 싸움을 합니다. 모든 문제를 '나' 때문에 또는 '내가 잘못해서'라고 생각한다면 싸움이 일어날 리가 없고, 문제는 술술 잘 풀리게 되어 있습니다.

사람 중에는 남에게 가슴 아픈 말을 서슴치 않는 사람도 있습니다. 억지소리를 한다던가, 상대의 아픈 구석을 콕콕 찔러서 쾌감을 느낀다던가, 상대의 말을 아예 무시하던가, 하는 사람들이 바로 그것입니다. 그런 사람들과 이야기를 할 때면 무릇 기분 나쁘고 마음이 언짢습니다. 이야기조차 하고 싶은 생각이 싹 사라집니다.

하지만 '너 때문에'가 아니라 '나 때문에'라고 마음을 돌리면 다소 마음이 진정됩니다. '아, 내가 그런 말을 받아드리지 못한 내가 잘못이구나.' 하면 마음이 다소 편해집니다. 그리고 생사를 가르는 싸움이 아닌 바에야, 내가 받아 드리지 않으면 별것 없는 말들입니다. 중생들이 내 뱉는 말들은 어쩌면 사소하고 별것 없는 것들입니다. 모든 것은 '나' 때문에 생기는 것입니다.

사람들이 가지는 보통의 감정은 '당신 때문에', 혹은 '저것 때문에'가 아니라 바로 '나' 때문에 생기는 것입니다. 그래서 어떤 경계에 부딪혔을 때 '당신 때문에' 혹은 '저것 때문에'라고 원망하기 보다는 '나의 업식이 두터워서'라고 화살을 나에게 돌린다면 마음이 한결 편안하고 고통이 덜할 수 있습니다. 그런 마음은 아주 작지만 서서히 부처님의 마음을 닮아가는 것입니다. 모든 것은 마음입니다. 이 마음 하나 잘못 다스리면 수많은 업보를 받아 윤회를 거듭하는 것이고, 마음하나 잘 받아드리면 윤회를 그치는 것입니다. 깨달음이라는 것도 사실은 마음 하나를 어떻게 받아드리느냐에 있습니다.

이 마음하나에 수미산이 겨자씨 속에 들어가는 것이고, 돌 처녀가 애기를 배거나 뿔난 토끼가 춤을 추는 것입니다. 보통의 중생들은 고정 관념 속에 살기 때문에 수미산이 겨자씨 속에 들어가는 법을 알지 못합니다. 그러기에 조그마한 경계에 싸움을 하고 죽기 아니면 살기로 상대를 누르려합니다. 하지만 부처는 고정 관념이 없기 때문에 수미산이 겨자씨 속에 들어가고도 남음이 있는 것입니다.

　모든 문제는 '너' 때문이 아니고 바로 '나' 때문에 생기는 것입니다. 나에게 고정관념이 없다면 너도 되고, 나무도 되고, 동물도 되고, 우주가 됩니다. 그렇게 된다면 싸움이 일어날 리가 없습니다. 바로 내가 네가 되기 때문입니다.

제 4 장

강을 건너기 위해서는

뗏목이 필요하다

가르침을 믿자

수행과정을 불교에서는 흔히 신해행증(信解行證)이라는 말을 합니다. 이 말을 한자 그대로 해석하면 우선 믿고, 그것은 이해하고, 이해한 것을 행동하고, 증명하여 깨닫는다는 말입니다. 따라서 수행의 첫 번째 조건은 믿음이어야 합니다. 믿음이 없는 종교란 생각할 수 없습니다. 그것은 마치 모래알을 가지고 밥을 지으려 하는 것처럼 믿음이 없는 종교란 그 자체적으로 성립 할 수가 없습니다. 우선 종교로서 성립하려면 믿는 대상이 있어야 하고, 믿는 자가 있어야 하고, 그 밖에도 교류자와 경전 제사 등이 있어야 하는데, 믿는 대상이나 믿는 자가 없다면 그 자체로 종교로서 성립할 수가 없습니다. 그만큼 믿음은 종교를 이루는 주춧돌이자, 근본입니다. 그래서 각 종교는 믿는 대상이 첫 번째가 됩니다.

그러면 불교는 무엇을 믿어야 하는가? 하는 문제가 생깁니다. 얼마 전 어떤 거사님께서 불교는 부처를 믿어야 합니까? 스님을 믿어야 합니까? 자기 자신을 믿어야 합니까? 라고 믿음에 대해 물어본 적이 있습니다. 처음에는 그 물음이 장난처럼 느껴졌지만 생각해보니 많은 분들이 이와 같은 혼란을 겪고 있지 않은가, 하는 생각도 들었습니다. 어떤 스님은 부처님을 믿으라고 하고, 어떤 스님은 기복이라고 하고 또 어떤 스님은 마음을 찾아야 한다고 하니, 신도 분들이 혼란이 있을 것이라는 생각이 든 것입니다. 거기에다 부처님도 절에 따라 모시는 부처님이 다르니 '혼란이 더 가중 될 수 있겠구나' 하는 생각이 들었습니다.

대부분의 사람들은 불교는 부처님이나 관세음보살을 믿는 종교라고 외부사람들도 그렇고 불교인들조차 그렇게 생각합니다. 마치 기독교에서 하느님이나 예수님을 믿듯이 불교도 부처님을 믿고 그를 따라서 극락세계에 가는 것이 불교의 최종 목표라고 생각하는 사람들이 의외로 많습니다. 이런 생각이 보통의 사람 뿐 만 아니라, 상당수의 스님들조차도 이런 생각에서 벗어나지 못하고 있는 것이 사실입니다. 그래서 염불이 수행이 아니라 부처님께 기도하는 모습으로 변질되었고, 예불의식 속에도 '축원'이라든가 하는 말로서 부처님께 편안한 삶을 요구하고 있는 것이 사실입니다.

하지만 불교는 단언컨대 부처님을 믿는 종교가 아닙니다. 어느 선사님의 말씀처럼 부처님이 이 세상에 오신 것은 세상의 문제점을 해결해주기 위해 이 세상에 온 것이 아니라, 이 세상에 아무런 문제점이 없다는 것을 알려주기 위해 이 세상에 오신 것입니다. 부처님께 기도하면 취직시켜주고, 아프면 낫게 해주고, 기도하면 입학 시켜주고, 진급 시켜주고 하기 위해 이 세상에 오신 것이 아닙니다. 부처님은 깨달음의 법을 펼치고 그 법대로 산다면, 이 고통스런 삶이 고통스럽지 않고 편안한 삶이 되리라는 것을 알려주기 위해 오신 것입니다.

그렇다면 우리는 무엇을 믿어야 하는가? 그 해답은 바로 부처님이 열반하시기 전에 말씀하신 '자등명 법등명'에 있습니다.

부처님께서 열반에 들기 전, 언제나 부처님 곁에서 그를 돌보고 있던 아난다가 걱정스러운 얼굴로 물었습니다.

"스승께서 돌아가시면 저는 앞으로 무엇을 의지하고 살아야 합니까?"

부처님께서는 이렇게 대답했습니다.

"자신을 빛으로 삼고 자기를 의지하여라. 부처님의 가르침을 빛으로 삼고 부처님 의 가르침을 의지하여라. 그 밖의 어떤 것도 의지해서는 안된다."

즉 부처님의 유훈은 바로 법을 믿어야 한다는 말씀입니다. 부처님이 평생을 걸쳐 법을 펼쳤고 그 법을 믿어야 한다는 것입니다. 따라서 불자는 법을 믿어야지 다른 어떤 것도 믿어서는 안 되는 것입니다. 이처럼 분명한 부처님의 말씀이 있는 데에도 우리 불자는 아직도 그 믿음의 대상에 대해 무엇을 믿어야 할지, 아직도 혼란을 겪고 있는 것이 현실입니다.

우리는 법을 믿어야 합니다. 법이란 글자 그대로 진리를 말합니다. 부처님이 펼친 것이 그대로 법이며 진리입니다. 그 중에 가장 근본을 이루는 법은 바로 삼법인입니다. 삼법인 즉 일체개고, 제행무상, 제법무아입니다. 이 세 가지만 제대로 이해하고 있으면 그 많은 불교 법문 다 필요 없습니다. 특히 '모든 법에 내가 없다'하는 무아를 믿고 체험으로 '무아의 증득'을 한다면 더 이상의 법문이 필요 없습니다. 무아의 증득이어야 말로 최고의 깨달음이라고 말할 수 있기 때문입니다. '내가 없음'을 확실하게 안다면 집착할 것이 없고, 집착할 것이 없으면 그게 바로 극락입니다. 무주(無住)와 무상(無相)이 얼음에 박밀 듯이 저절로 이루어지는 것입니다. 수학에서 영(0)이라는 숫자에 아무리 많은 숫자를 곱해도 영(0)인 것처럼 우리들의 사는 세상은 원래 영(0)이기에 아무리 돈 많아도 결국은 죽으면 영(0)이고 지위가 높아도 영(0), 낮아도(0) 건강해도 영(0), 아파도(0) – 이것이 제법무아의 진실입니다. 따라서 부처님 법의 '제법무아'을 확실히 안다는 것은 불교인으로서 정말 중요한 일인 것입니다.

하지만 우리는 그 '무아'가 잘 이해되지 않습니다. 내가 이렇게 버젓이 존재하는데 어떻게 '내가 없다'라는 것일까? 아무리 생각해도 '무아'를 이해할 수가 없습니다. 그럴 때 우리는 그냥 부처님이 말씀하셨으니까 우선 믿고 따라가 보자는 것 입니다. 이해가 되지 않는다면 그냥 믿어보는 것입니다. 무아를 믿어 보는 것입니다. 내가 존재하지 않음을 그냥 믿어 보는 것입니다. 그래서 어떤 경계에 당했을 때 "아! 내가 없지'라고 깨우치고 행동하는 것입니다. 그러면 우리의 삶이 한층 편안하고 행복할 수 있습니다. 내가 없는데 집착할 것이 무엇이 있겠습니까?

이렇게 믿다보면 '신해행증'이라고 언젠가 이해하는 날이 올 것입니다.

따라서 불교에서의 믿음은 당연히 불법이어야 합니다. 복을 달라는 부처를 믿어서도 안 되고, 더구나 스님을 믿어서는 안 됩니다. 깨닫지 않는 한, 스님도 불자와 거의 다를 바 없는 아상이 존재이기 때문에 스님들을 완전히 신처럼 믿었다가는 큰 코 다칠 수가 있습니다. 물론 가끔 사이비교주들은 자기들을 믿으라고 하기는 합니다만 결코 거기에 유혹 돼서는 안 됩니다. 또한 깨닫지 못한 불완전한 자기 자신을 믿어서는 더욱 안 됩니다. 자신을 믿는다는 것은 교만으로 흐를 수 있기 때문입니다.

따라서 부처를 믿을지, 스님을 믿을지, 자기 자신을 믿을지에 대한 결론이 내려졌습니다. 많은 불교신자 분들이 '우리는 무엇을 믿어야 할까' 하는 고민에서 이제는 확고하게 '불법' 즉 '부처님의 가르침'을 믿는 마음으로 전환해야 합니다.

열매 몇 개

지난 여름내
땡볕 불볕 놀아 밤에는 어둠 놀아
여기 새빨간 찔레 열매 몇 개 이룩함이여

옳거니! 새벽까지 시린 귀뚜라미 울음소리
들으며 여물었나니.

멀리서 매미소리가 한창입니다. 여름이 한창입니다. 지금 쯤
선원에서도 하안거를 지내며 많은 스님들이 생사 문제를 해결하
고자 이 훅훅 찌는 더위를 벗 삼아 참선 삼매에 들어 있을 것입
니다. 그 열정과 노력만큼 이 하안거가 끝나고 선방의 수자들이
망상의 번뇌에서 벗어나 아뇩다라 삼막 삼보리를 얻었으면 좋겠

습니다. 마치 이 시에 나오는 여름내 땡볕 불볕 놀아 밤에는 어둠 놀아 새빨간 찔레 열매 몇 개를 이루는 것처럼.

하지만 매년 안거는 계속 되지만 시원스럽게 깨달았다는 스님들은 잘 나오지 않는 것 같습니다. 물론 깨달음이 그렇게 쉬운 것이라면 지금 우리가 사는 세상은 극락정토가 되어 있어야 하겠지요. 어떤 선사는 '깨달음은 코를 만지는 것처럼 쉽다'라고 했는데 업장이 두터운 중생의 입장에서 보면 깨달음은 참 요원한 것 같습니다. 왜 그렇게 깨달음은 어려운 것일까요?

제가 속가에 있을 때, 학교에서 아이들을 가르치다보면 공부는 정말 열심히 하는데 성적이 안 나오는 학생들을 가끔 볼 수 있었습니다. 그렇다고 머리가 나쁜 것도 아니고, 주변의 교육 환경도 나쁜 것도 아닌데 성적이 노력한 만큼 나와 주지 않아 본인도 괴롭고 주위 사람들도 참 안타깝고 답답한 마음으로 지켜봐야 하는 학생들이 간혹 있습니다.

하지만 이런 학생들을 좀 더 관심있게 지켜보면 대부분 공부 방법이 잘못되었기 때문이라는 것을 알 수 있습니다. 본인의 성격이 완벽주의자로 모든 것을 다 외워야 직성이 풀리는 학생이거나, 공부 자체보다도 공부를 얼마만큼 했는가를 더 따지는 학생들입니다. 즉 공부의 방법이 잘못 되었거나, 공부의 질보다도 공부의 양에 더 신경 쓰는 측들입니다. 책상에 얼마만큼 오래 앉아 있었는가 하는 것으로써 공부의 결과가 나올 것을 기대하는 학생들입니다. 하지만 공부에 집중하지 않고 책상만 지킨다면 밤새워 있다한들 무슨 소용이 있겠습니까?

스님들도 마찬가지입니다. 선방에 앉아 있기는 있는데 머릿속으로 온통 분별 망상만 일삼고 있다면 백 날 천 날을 다리 꼬고 있다한들 무슨 소용이 있겠습니까? 간혹 어떤 스님들은 선방에 몇 번 입방했네, 또는 '용맹정진을 몇 번 했네.'로써 깨달음의 척도를 말하려는 스님들도 있습니다. 그렇게 많이 입방을 했고, 그렇게 많이 용맹정진을 몇 번 했다면 무엇인가 한 소식 해야 할 것이 아닙니까? 그런데 소식은 들리지 않습니다. 물론 진정으로 한 소식을 한 스님 같으면 소리도 내지 않고 조용히 침묵하고 있을 것이지만.

사실 저는 개인적으로 용맹정진을 한 적도 없고, 용맹정진도 한 수도의 방법이기에 용맹정진의 가치를 폄하할 생각은 없습니다. 그 나름대로의 뭔가 가치에 있는 것이기에 예부터 수행의 방편으로 내려온 것이라고 생각합니다. 그러나 책상에 많이 앉아 있는 것으로 좋은 성적을 기대하는 학생처럼 수행의 양으로서 깨달음을 얻을 것이라는 기대는 진정 잘못 된 것이라고 말하고 싶습니다.

문제는 얼마큼 하느냐가 아니라, 어떻게 하느냐에 달려 있다고 봅니다. 완벽주의자로 심지어 국어책까지 외우려고 하는 학생은 아무리 공부를 많이 한다 해도 좋은 성적을 기대할 수 없습니다. 과목에 맞게 지혜롭게 접근하여 공부를 해야 하고 자기 성격에 맞는 공부를 해야 좋은 성적을 기대할 수 있습니다. 새벽 공부를 좋아하는 학생은 새벽에, 저녁 공부를 좋아하는 학생은 저녁에, 친구들과 문제를 묻고 답하는 것을 즐기는 사람은 또 그렇게……, 자기에 맞는 공부 방법을 빨리 찾아 그 방법으로 가는 것이 가장 좋은 공부 방법입니다. 남들이 새벽에 공부하는 것이 좋다고 나도 따라하면 하루 종일 졸고 앉아 있을 수밖에 없습니다.

스님들의 수행도 마찬가지입니다. 자기에 맞는 수행 방법을 잘 찾아야 합니다. 간화선이 맞는 사람은 간화선을, 위파사나가 맞는 사람은 위파사나를, 호흡 수행이 맞는 사람은 호흡수행을, 간경이나 염불이 맞는 사람은 간경이나 염불을 하여 자기에 맞는 수행을 해야 그 공부가 효과적일 수밖에 없습니다. 그런데 개인적인 성향을 무시하고 무조건으로 간화선만 주장하다든지, 위파사나를 주장하는 것은 옳은 수행방법이 아닙니다. 자기에 맞는 수행 방법을 잘 찾아야 합니다.

이렇게 더운 날 선방에 앉아 내공을 쌓기 위해 땀을 흐리고 계실 우리네 스님들이 이 여름에는 단단하게 여물은 찔레처럼 공부가 더욱 성숙해지기를 기대해 봅니다.

개원 연중에 형악의 진법원에 가서 좌선 수행을 할 때 마조는 스승 남악 화양을 만났습니다. 회양화상은 마조가 훌륭한 법기

임을 알았차렸으나 마조가 좌선만 하고 있음을 보고 다음같이 물었습니다.

"그대는 그곳에서 무엇을 하고 있는가?"

"좌선을 하고 있습니다."

"좌선을 해서 무엇을 하려고 하는가?"

"부처가 되려고 그럽니다."

그러자 화양은 부근에 있던 기왓장 하나를 주어들더니 좌선을 하고 있는 마조 옆에서 그 기왓장을 갈아대기 시작하였습니다. 그것을 본 마조가 회양에게 물었다.

"기왓장을 갈아서 무엇을 하려고 그럽니까?"

"기왓장을 갈아서 거울을 만들려고 그러네."

"그런다고 기왓장이 거울이 될 수 있겠습니까?"

마조는 빈정거리며 말했습니다. 이에 회양이 무섭게 소리쳤습니다.

"기왓장이 거울이 될 수 없듯이 좌선을 한다고 부처가 될 수 없다."

"그러면 어떻게 해야 합니까?"

"소가 수레를 끌고 가는데 수레가 앞으로 나가지 않는다고 수레를 다그쳐야 하겠는가? 아니면 소를 다그쳐야 하겠는가?"

우리는 가끔 달보다도 달을 가르키는 손을 더 중요시 하는 경향이 있습니다.

마저작침 수행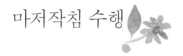

　시선(詩仙)이라고 일컫는 이백은 성격이 아주 자유분방하여 놀기를 좋아하였다고 합니다. 젊은 날 그는 공부를 하기 위해 산속으로 들어갔는데 놀기 좋아하는 그의 성격 탓에 공부에 금방 싫증을 내고 하산을 결심합니다. 그리고 산에서 내려오면서 한 노파를 만납니다. 그 노파는 쇠공이를 들고 돌에 그것을 갈고 있었는데 궁금한 그는 할머니에게 물었습니다.

　"할머니 지금 무엇을 하고 계셔요?"

　"이 쇠공이를 갈아 바늘을 만들려고 한다오."

　"네? 바늘을 만든다고요? 어느 세월에 이 쇠공이를 갈아 바늘을 만든 말입니까?"

　"왜? 이것으로 바늘을 만들면 안 되기라도 하는가? 무엇이든 열심히 하면 쇠공이도 바늘이 되는 거지, 이 쇠공이를 중도에 끊이지 않고 계속해서 간다면 언젠가는 바늘이 되는 날이 있겠지.”

할머니는 담담하게 말을 하고는 계속해서 쇠공이를 돌에 가는 것이었습니다. 이 모습을 본 이백은 느끼는 것이 있어서 다시 산으로 올라가 열심히 공부를 하여 훗날 중국 역사에서 가장 위대한 시인이 되었습니다.

이 일화는 마저작침(摩杵作針)이라는 사자성어를 남겼습니다. 이 마저작침(摩杵作針)이란 ‘쇠공이를 갈아 바늘을 만든다’는 뜻으로 꾸준한 마음을 가지고 노력하면 뜻을 이룬다는 의미를 가지고 있습니다.

수행을 하다가 경계에 당하여 흔들리는 마음을 바라보면 이 마저작침의 사자성어가 생각납니다. 머릿속에서 아무리 아공(我空) 법공(法空)보고 본래 면목을 보며, 자유로운 생각을 지녔다고 할지라도, 막상 경계에 부딪히면 그 경계에 휘둘려 뿌리 깊은 망념의 집착을 만들어 낼 때가 많습니다. 공부에는 진척이 없고, 생활은 권태롭고, 이 지겨운 생활에서 훌훌 벗어나 가끔은 떠나고 싶다는 충동을 느낄 때도 있습니다. 특히 이 마음공부라는 것이 어떨 때는 뭔가 눈에 잡힐 듯 확 다가오다 가도, 어떨 때는 아무리 용을 써도 수행은 진척이 없고 마음만 답답하고 지겨울 때가 있습니다. 오랫동안 쌓아온 수행이 한꺼번에 무너진 것 같은 허무감이 들 때도 있고, 내가 왜 이 짓을 하고 있지?’ 라고 회의를 느낄 때도 있습니다. 그럴 때 모든 것을 포기하고 중생들의 삶속으로 들어가서 그냥 그렇게 살고 싶은 유혹이 밀려옵니다.

　이럴 때 마음을 잡아주는 말이 있다면 이 마저작침(摩杵作針)이라는 사자성어가 아닐까 생각이 듭니다. 쇠공이를 갈아서 바늘을 만들겠다는 생각 – 비록 지금은 때묻은 중생심으로 살고 있지만 부처가 되어 이 모든 것으로부터 자유로운 날이 올 것이라는 확신– 말입니다.

　수행을 어떤 제도권 안에 넣어서 생각하니 지겹고 힘들 수가 있습니다. 수행은 선방에 앉아 화두를 들고 있는 것이 수행의 모든 것이 아닙니다. 그런 수행은 오히려 수심결에 나오는 말로, '돌로 풀을 누르는 것' 같은 견고한 아상(我相)만을 키울 수도 있습니다. 용맹정진을 며칠 했네, 아니면 선방에 몇 번 입방했네, 절을 몇 천 번 했네, 등으로 수행을 자랑하며 수행의 목적을 다한 것처럼 느끼는 무리가 있다면 그것은 잘못된 수행입니다. 백번 용맹정진하고, 무릎이 깨지도록 수 만 번 절을 한다 해도 아상(我相)만 더 커진다면…… 오히려 차라리 수행을 안 한 것만 못합니다. 수행을 제도권 안에서만 한다는 생각을 버리고 매 순간 무심의 지혜를 깨우쳐 생활속에서 끊이지 않고 수행을 해야 합니다. 마처작심의 정신으로 질기게 이어가는 수행을 생활 속에서 이루어야 합니다.

불자는 부처가 되겠다는 꿈을 꾸며 살아야 합니다. 사실 이미 모든 중생들은 부처들입니다. 단지 그 사실을 모르고 살기 때문에 중생으로 살 수 밖에 없습니다. 그렇게 자신이 부처라는 사실을 모르고 산다면, 부처가 되겠다는 꿈이라도 있어야 합니다.

부처가 된다는 것은 어려운 일입니다. 부처 같은 생각과 부처의 마음으로 산다는 것은 더 더욱 어려운 일입니다. 하지만 마저작침(摩杵作針)의 사자성어처럼 우리도 갈고 닦으면 언젠가는 부처가 되리라 확신합니다. 비록 아주 느리게 진행 된다 할지라도 마음을 부처로 향하고 꾸준한 수행을 닦는다면 부처님 같은 깨달음을 얻는 날이 올 것임을 확신합니다.

수행도
지금 여기에서

　수행하는 사람들 대부분은 고요하고 마음을 차분하게 가라앉게 할 장소에서 수행하기를 원합니다. 절이나 암자 또는 토굴 같은 곳에서 누구의 간섭도 받지 않고 정진하고 싶을 마음 때문일 것입니다. 그렇지 않으면 선방에서 대중들과 함께 규칙적인 생활을 하며 정진하고 싶은 마음도 있을 것입니다.

　선방이든, 절이든, 토굴이든 그런 곳에서 수행하는 스님이나, 불자들은 타고난 수행복이 있거나 전생에 복을 많이 지은 분들이라 생각이 듭니다. 직장이 있거나 수행하고 싶어도 수행할 형편이 못되는 분들은 고요하게 수행하는 분들이 부럽기도 하고, 수행을 못하는 자신의 환경이 안타깝게 느껴지기도 할 것입니다.

그렇지만 수행이라는 것은 어떤 장소, 어떤 특별한 곳에만 하는 것이 아닙니다. 어떻게 보면 수행은 평생 지금, 여기에서 이루어져 합니다. 훌륭한 연주자는 악기 탓을 하지 않듯 진정한 수행자는 장소를 가리지 않습니다. 어느 잡지책에 실린 이야기입니다.

세계적인 작곡가이자 바이올리니스트인 비발디가 세계에서 최고로 알려진 비이올린 스트라디바리우스로 연주를 하는 날, 콘서트홀은 초만원을 이루었습니다. 세계적인 바이올리니스트와 최고의 바이올린과의 만남을 사람들은 보고 싶었기 때문입니다.

이윽고 연주가 시작되자, 청중들은 비발디의 선율에 취해 모두 감탄을 쏟아 냈습니다.

"역시, 스트라디바리우스! 거기에 최고의 바이올리니스트!"

청중들은 감탄하며 그 멋진 선율에 흠뻑 취했습니다.

그런데 한참을 연주하던 비발디가 갑자기 연주를 멈추고는 들고 있던 바이올린을 높이 들어 바닥에 내리쳤습니다. 바이올린은 산산히 부서지고 말았습니다. 청중들은 그의 행동에 놀라 자리에서 벌떡 일어났습니다.

'아니, 저럴 수가……최고의 바이올린을 깨부수다니……,'

그때 사회자의 목소리가 놀란 청중들 잠재웠습니다.

"놀라지 마십시오. 저것은 스트라디바리우스가 아닙니다. 싸구려 바이올린입니다. 비발디 선생이 깨뜨린 이유는 참된 음악은 악기에서 나오는 것이 아니라는 것을 여러분께 보여드리자한 것입니다."

　진정으로 훌륭한 연주자는 악기 탓을 하지 않듯이 진정한 수행자는 장소를 가리지 않습니다. 언제, 어디든, 있는 곳이 수행 장소입니다. 버스 속에서도, 시끄러운 전철 속에서도, 시장 통에서도, 서서있든, 앉아있든 있는 곳이 수행 장소입니다. 물론 공부를 도와주는 큰스님 있고, 공부를 하고자 하는 좋은 도반들이 있으면, 시끄러운 곳 보다 공부하기 좋은 환경이 더욱 바랄 것이 없겠지요.

　하지만 결국 공부는 자기가 하는 것입니다. 아무리 좋은 환경, 좋은 도반이 있다고 해도 마음이 번뇌로 가득 차 있다면 공부는 틀린 것입니다. 마음속에 다른 망상으로 가득한데 아무리 좋은 환경이 무슨 소용이 있겠습니까? 환경이 비록 척박하다해도 마음을 올곧게 오로지 수행에 힘쓰고 있다면 그곳이 가장 좋은 수행처가 아니겠습니까? 수행하는 사람은 장소를 가리지 말아야 합니다. 있는 자리가 바로 수행하는 곳입니다.

　중생심에서 불심으로 가기 위해서는 무상, 무아, 공의 지혜를 깨우쳐야 하는데 그런 것을 깨우치기 위해서 굳이 어떤 장소에 있어야할 이유가 없습니다. 늘 지금, 여기에서 있는 그대로 전도 몽상된 마음을 전환시키는 지혜만 있으면 됩니다. 선이란 삼매만 하는 것이 아닙니다. 선이란 마음을 맑게 하는 것이기 때문에, 언제 어디든 마음을 맑게 할 수 있으면 그곳이 수행 장소가 됩니다. 수행 장소로 꼭 절이나 암자만을 고집하는 것은 좋지 않은 것 같습니다.

지금, 여기에서, 있는 그대로, 마음자리를 알아챈다면 그것으로 수행은 끝입니다. 강을 건너고 나면 뗏목이 필요 없습니다.

바로 보자

　마을에서 강아지 울음소리가 들립니다. 아마 이웃에서 어제 사온 강아지 같습니다. 어쩌면 편안하고 마음껏 뛰놀던 어미와 형제들의 품속에서 벗어나 목이 묶이고 개집에 갇혀 혼자 지내려니 아마 무섭고 힘든 밤이 되는 것 같습니다. 그 괴로운 소리를 듣고 있으려니 당장이라도 풀어 제 어미 품속으로 보내고 싶은 마음이 간절합니다. 언젠가 영화에서 보았던 아메리카로 팔려나가는 흑인들의 절규 소리처럼 느껴지기도 합니다. 평화롭게 살아가던 땅에 갑자기 외지인들이 몰려와 총칼로 무자비하게 사람을 잡아 노예로 팔아버리는 흑인들의 삶. 그곳에서 사랑하는 가족들과 헤어져야 하는 찢어질 것만 같은 아픔이 그 강아지의 목소리에 배여 있는 것 같습니다. 자유를 구속당하는 소리.

　아마 우리 중생들의 삶도 바로 저 모양이지 않을까, 하는 생각이 듭니다. 비록 누군가 직접적으로 강제 하지는 않았지만 눈에 보이지 않은 힘이 우리들의 삶을 늘 그렇게 구속하고 괴롭히고 있기 때문입니다. 돈, 명예, 권력이 구속하고, 미움, 질투, 시기, 욕심, 화냄 등이 우리를 그렇게 묶어놓고 괴롭힙니다. 있는 사람이건 없는 사람이건 인간으로 태어난 이상 그 굴레에서 벗어나기가 참 어려운 것 같습니다. 윤회의 업을 가지고 태어났기 때문입니다. 그 굴레는 누가 강제적으로 만든 것이 아니라 자기 스스로 묶어 놓은 업입니다.

그것은 자기 스스로 묶어 놓은 업이기에 자기 스스로 풀어야 합니다. 하지만 사람들은 스스로 묶어놓은 업의 밧줄을 스스로 푸는 방법을 알지 못합니다. 설령 수행이라는 것으로 푸는 방법을 알고 있다고 해도 묶음이 너무 단단하여 제 풀에 지쳐 포기하는 경우가 대부분입니다. 그래도 풀어야겠다는 생각을 한 경우는 그나마 다행입니다.

어리석게도 대부분의 인간들은 자기가 돈과 명예와 욕심, 성냄, 어리석음으로 묶어진 사실 조차도 모르고 살아갑니다. 이것이 인간들이 구속에서 벗어나지 못하는 가장 큰 원인입니다. 마치 철장 속에서 태어난 새가 철장 속에서만 살다보면 높다란 하늘이 자기 고향이라는 것을 알지 못하고 살다 죽는 것과 같습니다. 인간으로 살다보면 괴로움인데 그 괴로움의 원인을 알지 못합니다. 그저 괴로움의 원인을 남의 탓이나, 환경 탓으로 돌리고 마는 것입니다. 부모형제를 잘못 만났거나, 시대를 잘못 만나서 그런 것이라고 또는 환경 탓이라고 괴로움의 원인을 말합니다. 그러나 인간의 괴로움은 남이 아니라 자기가 묶어놓은 밧줄 때문입니다.

하지만 우리의 본성과 고향은 이렇게 묶어진 상태가 아닙니다. 자유로운 상태이며 삶과 죽음이 없는 순일하게 청정한 상태입니다. 이것을 정확히 바라보아야 하고 인식해야 합니다. 자기가 묶여 있다는 사실을 알아야 하고, 삶 자체가 고통이라는 것을 우선 인식하고, 청정한 본성으로 돌아가겠다는 생각을 해야 합니다. 그래야 묶음에서 벗어나 자유로운 우리의 본성으로 돌아갈 수가 있습니다.

그 다음은 스스로 묶은 그 밧줄을 푸는 방법을 알아야 하겠습니다. 푸는 방법은 바로 수행이며, 수행은 여러 가지가 있으나 부처님 당시의 수행으로 이야기 하자면 팔정도를 말 할 수 있습니다.

팔정도는 정념, 정어, 정업, 정명, 정정진, 정정, 정견, 정사유인데 이 팔정도는 계(戒), 정(定), 혜(慧) 삼학으로 나누기도 합니다. 정어, 정업, 정명은 계로서 밖에서 일어나는 분별의 무명을 계(戒)로서 다스리고, 정정진, 정정은 내부에서 일어나는 분별의 무명을 정(定) 으로 다스리고, 정념, 정견, 정사유는 혜(慧)로서 모든 어리석음을 다스립니다.

이 팔정도는 어느 것 하나 소홀히 할 수 없는 것이지만 그 중에서 무명을 벗어나려면 우선적으로 해야 할 것은 정념과 정견 수행입니다. 이 정념과 정견은 어떻게 보면 같은 의미로 볼 수도 있습니다. 바르게 알아차림(정념)은 바르게 보기 때문(정견)이며, 또 바르게 보기위해서는 바른 알아차림이 있어야 하기 때문입니다.

　그렇다면 바르게 알아차림이란 무엇이고 바르게 보기란 어떤 상태를 말하는 것입니까? 정념이란 도덕 시간에 나오는 긍적적인 생각이나 올바른 생각 같은 것을 말하는 것이 아닙니다. 정념이란 바로 실상을 보는 것인데, 그 실상이란 연기에 의한 무상, 무아, 공을 보는 것입니다.

　우리의 삶은 늘 의식적이던, 무의식적이든 늘 분별을 하고 삽니다. 우리들의 교육이 바로 이 분별을 키우는 교육이기 때문입니다. 엄마의 젖을 떼고 걸음마를 시작하면 아이들은 무엇인가를 손에 쥐고 싶어 합니다. 그러면 엄마는 '이것은 하지 마, 저것을 해' 분별을 가르칩니다. 유치원에 가도 '저것은 나쁜 행동, 이것은 좋은 행동 또는 이것은 좋은 마음, 저것은 나쁜 마음.' 이런 식으로 분별을 가르칩니다. 물론 그런 분별을 가르치는 것이 나쁘다는 것은 아닙니다. 인간은 사회적 동물이기에 사회생활을 하기위해서는 규범이 있어야 하며, 분별을 통해 규범을 가르치고 질서를 가르치는 것은 당연하다고 생각합니다. 그러나 그런 분별이 의식적이던, 무의식적이든 우리의 의식을 좌우하면서 우리의 본래의 모습에서 멀어지게 한 것입니다. 학교에 가면 그 분별은 더욱 심해집니다. 100점 맞는 학생은 칭찬을 받고 20점 30점을 맞는 학생은 꾸중을 받습니다. 주어진 머리과 환경이 100점을 맞고, 20,30점을 맞았는데에도 타의에 의해서 분별 당하고 맙니다.

커가면서 분별은 더욱 심해집니다. 좋은 대학, 좋은 직장을 가기위해 삶은 더욱 치열해지고 승진을 하기위해서는 상대를 짓눌러야 하는 일도 비일비재합니다. 그 분별 속에서 미워하고, 성내고, 욕심을 내는 마음이 자연스럽게 등장 한 것입니다.

그런데 이 분별하는 마음을 가만히 지켜보십시오. 그 분별하는 마음이 얼마나 지속됩니까? 어떤 사람을 미워하고 있다면 그 미움이 얼마나 지속 됩니까? 우리는 어떤 사람을 몇 날 몇 일을 미워한다고 하지만, 미워하는 마음을 지켜보면 아마 미워하는 마음이 단 몇 분을 가지 못하고 있다는 사실을 깨달을 것입니다. 미워하고 있다가도 배고픈 생각이 들면 밥 먹어야하고, 전화 오면 전화 받아야 하고 미워하고 있다가도 엉뚱한 생각이 들어오고……. 미워하는 마음이 계속 되는 것 같은데 사실은 토막토막 미워하고 그 사이사이는 다른 마음들로 채워져 있습니다. 멀리서 보면 미워하는 마음인데 가까이 보면 미워하는 마음이 끊어져 있습니다. 마치 자동차 불빛을 비행기 위에서 보면 한 줄로 보이는데 막상 거리에서 보면 자동차와 자동차 사이는 떨어져서 불빛은 각각인 것과 같습니다. 우리가 즐겨보는 영화도 사실은 1초 동안 24장의 사진들이 빠른 속도로 돌아가면서 비쳐내고 있는 장면들의 집합입니다. 그 사진과 사진 사이는 우리 눈의 잔영이 메워주고 있는 것입니다.

한마디로 미워하는 마음의 실체가 없다는 이야기입니다. 다르게 말을 하면 순간순간 인연에 따라 마음은 움직이고 있다는 말입니다. 그렇게 순간순간 인연 따라 움직이는 마음은 실재하는 내가 없다는 이야기이며, 실재하는 내가 없다는 말은 삶도 없고, 죽음도 없다는 말입니다. 그것이 바로 생사해탈의 열쇠입니다.

이 연기의 실상을 바로 보자는 것이 정념과 정견 수행입니다. 어릴 때부터 길들어진 분별을 정념과 정견 수행을 통해 바로보자는 것입니다. 그리하여 비록 현실의 삶 속에서 구속되어 우리 동네 강아지의 울음처럼 괴롭다고 느낄지라도 그 괴로운 마음의 실상을 보아 마음을 편히 가져 보자는 말입니다.

망념의 뿌리

몇 년 전, 마당에 새로운 나무를 심기 위해 대나무를 뽑은 적이 있습니다. 관상용으로 몇 그루 심어 놓은 것이기에 처음에는 별로 힘들지 않게 뽑으리라 생각했었습니다. 그런데 막상 대나무를 뽑기 시작하면서 대나무 제거 작업이 얼마나 힘든지를 알게 되었습니다. 그것은 대나무 뿌리가 너무나 깊숙하게 그리고 그 뿌리가 넓게 퍼져 있어서 한 개를 힘들게 뽑고 나면 또 다른 한 개가 기다리고 있었기 때문에 대나무 뿌리를 뽑는 다는 것은 정말 멀미가 나는 일이었습니다.

수행을 하면서 가장 힘들게 하는 것은 바로 망념입니다. 생각의 뿌리– 가끔 망념을 생각할 때마다 대나무 뿌리를 생각합니다. 망념이란 이 대나무 뿌리와 같다는 생각을 하는 것입니다.

평상시 아무 일도 없을 때는 좀 근사하게 깨달은 사람의 생각을 하면서 살 수가 있습니다. 여여한 생각과 연기의 흐름을 보면서 마음을 편안하게 가질 수가 있고 그리고 세상에 대해 너그러워지고 아상과 법상의 공(空)을 생각하며 진여의 지혜로 살아갈 수가 있습니다.

하지만 어떤 뜻하지 않는 경계에 부딪쳐서 괴로움을 당할 때는 부처의 지혜는 어디로 가고 마음이 휘둘려 살아갑니다. 누군가 억울하게 누명을 씌웠다던가, 갑자기 사고를 당했다던가, 주변의 친하게 지내던 사람이 세상을 떠났다던가, 몸이 견딜 수 없도록 아프다던가, 하여 여러 가지 뜻하지 않은 경계를 당했을 때 평온했던 마음은 온대간데 없고 구정물이 되는 기분으로 휘둘려 경계를 대할 수밖에 없습니다. 그럴싸하게 보였던 깨달음 같은 모습은 사라지고 경계에 휘둘려 망념을 내고 괴로움 속에 살아갑니다.

'아직 완전한 깨달음을 이루지 못하고 가짜의 깨달음 속에 있었구나.' 이런 생각을 하며 그 고통을 제공한 그 망념의 뿌리를 제거 할 목적으로 생각을 끊어보려고 노력합니다. 하지만 그 집착의 뿌리는 너무 커서 덮으려 해도 덮어지지가 않습니다. 눈감고 조용히 있으면 떠오르고 또 떠올라서 잊은 듯 하다가도 다시 그 생각에 휩싸여 괴롭습니다. 마치 대나무의 뿌리처럼 좀처럼 머릿속에서 뽑아지지가 않습니다.

가끔 스님들이 연비를 한다고 합니다. 손을 태우고 몸을 뜨거운 것으로 지지기도 합니다. 심지어 어떤 스님은 성욕을 없애기 위해 자기의 성기를 잘라 버린 적이 있다는 것을 책을 통해 읽기도 했습니다. 오죽 그 번뇌가 심했으면 그렇게 할까, 하는 연민도 느낍니다. 하지만 그렇게 했다고 해서 번뇌가 끊어진다는 것은 오산입니다. 잠시의 각오가 그 번뇌를 잊게 할 수는 있어도 어떤 상황이 오면 그 번뇌는 다시 성성해집니다. 이 마음이라는 것은 너무 간사해서 그때는 꼭 그렇게 할 것 같은데 시간이 지나면 잊어버리고 맙니다. 현재 아이를 낳고 있는 엄마에게 다음에 아이를 낳겠느냐고 물으면 아마 거의 모든 엄마들은 머리를 젓을 것입니다. 하지만 시간이 흐르고 일 이 년이 지나면 필요에 따라 아이를 낳겠다고 할 것입니다. 그만큼 당시 통증은 잊어버렸다는 것입니다.

번뇌는 끊어지는 것이 아닙니다. 그러면 어떻게 해야 번뇌의 괴로움에서 벗어날 수 있을까? 그것의 정답은 항상 근본적인 것에 있습니다. 번뇌나 망념자체가 나의 참자아의 한 모습이라고 자각해야 할 것입니다. 나의 참자아 속에는 맑고 청정한 자아도 있지만 행복, 슬픔, 고통, 아픔 같은 것도 함께 포함되어 있습니다. 따라서 고통을 여의고 행복만을 추구하려고 하는 것은 결코 망념의 뿌리를 뽑지 못합니다. '저 아픔도 나의 한 모습니다.' 라고 그냥 바라보아야 합니다. 그리고 물이 흘러가듯이 그냥 지금 여기에 집중하면서 살면 됩니다.

그것조차 안 되는 뿌리 깊은 상황이면 '내가 누구인가'부터 물어야 합니다. 내가 누구인지부터 물어서 무아(無我)라는 정답을 찾고, 그 모든 번뇌가 연기에서 오는 것을 알아야 합니다. 나라고 생각하는 이 오온이 만든 것이 아니고 하나의 번뇌가 오기까지 많은 연기가 있음을 알고 마음을 편히 가져 보는 것이 좋을 것 같습니다. 그리고 그 다음의 정답은 이 세상은 내가 만든 환(幻)의 세상임을 자각하는 것입니다. 물론 이런 정답을 수 없이 들어 보았겠지만 정답을 알려줘도 모르는 것은 각자의 무명이 깊은 것이므로 수행을 통해 알아가야 할 것입니다. 그 수행은 바로 '내가 누구인가?' 자꾸 자꾸 물어서 체험으로 알아 낸 무아를 체득해야 합니다.

그것이 바로 정견(正見)입니다. 무아를 깨닫는 것, 아(我)와 법(法)이 공(空)임을 아는것, 그리고 한걸음 더 나아가 망념이나 번뇌도 진리의 한 뿌리임을 아는, 마음자리를 확철하게 깨닫는 것이 중요합니다. 이것이 바로 보는 정견(正見)입니다. 이렇게 바로 봄(正見)이 있을 때 망념의 뿌리가 아무리 견고하고 악착스러워도 번뇌를 잠재울 수 있습니다.

핵심은 마음자리를 확철하게 깨닫는 것입니다.

좋은 파장의 힘

태풍이 지나갔습니다. 뜰 앞 나무들이 걱정이 되어 지난밤에는 노심초사 하였는데 막상 밖에 나가보니 상처가 나긴 하였지만 그래도 언제 그랬냐는 듯 건강하게 잘 살아 있었습니다. 모진 바람 속에서도 그렇게 건강하게 끄떡없이 살아나는 그 질긴 생명력에 감탄할 따름입니다. 그런 나무들을 보면서 문득 '태양과 바람'에 관한 어릴 때 교과서에 실렸던 동화가 생각납니다. 지금은 그 제목이나 내용을 잘 기억할 수 없으나 대체로 이런 내용이었던 것 같습니다.

어떤 나그네가 길을 걸어가고 있었습니다. 그 나그네를 보면서 태양과 바람이 내기를 걸었습니다.

"저 나그네의 모자를 벗기는 사람이 이기는 걸로 하자."

그래서 바람이 먼저 나그네의 모자를 벗기기 위해 있는 힘껏 바람을 불었습니다. 그러나 나그네는 바람에 모자가 날아가지 않도록 모자를 더욱 눌러썼습니다. 이번에는 태양이 그 나그네를 향하여 따가운 햇볕을 내리 쬐었습니다. 그러자 나그네는 너무 더운 나머지 그 모자를 훌훌 벗어 버렸습니다.

아주 간단한 동화인데 우리 삶에서 적용할 때가 너무나 많은 이야기입니다. 그래서 역대 대통령께서도 북한에 이 동화를 적용하여 '햇볕정책'이라는 용어를 만들기도 하였고, 질책보다도 칭찬의 힘이 아이들 교육에 훨씬 우세하다는 것을 나타낼 때 이 동화를 인용하기도 합니다.

그러나 실제의 삶속에서는 칭찬이나 긍정적인 마음보다도 질책이나 부정적인 마음이 더 많은 것 같습니다. 가장 가까운 부부간이나 자식, 형제 친구들에게도 칭찬보다는 질책을 하는 말들이 익숙하여 상대에게 상처를 주는 경우가 많고, 사회생활을 하면서는 직장 상사나 동료들을 긍정적인 시선보다는 부정적인 시선으로 보는 경향이 많습니다. 불자의 모임에 나가보아도 때로 불제자라고 자처하는 사람들이 오히려 뒤에서 험담하고 싸우는 경우를 종종 보기도 합니다. 물론 단체 생활을 하다보면 성격이 다른 여러 사람이 모여 있기 때문에 자기 의견과 맞지 않는 수도 있지만 불필요하게 상대를 깎아 내리고 험담하는 경우는 참 들기가 거북하기도 합니다. 특히 조금 유명하거나 힘 있는 스님들에게는 과하다 싶을 정도로 굽신거리면서도, 조금 못 배웠거나 힘없는 스님들에게는 뒤에서 욕하고 손가락질하는 경우도 있습니다. 물론 공부를 하지 않는 스님 탓을 해야겠지만 그 스님에게 질책이나 부정적인 시선보다는 용기를 주고 긍정적인 시선을 보내 준다면 더 분발하는 수행자가 되지 않을까 생각을 해봅니다.

남을 칭찬하는 것이 생활화 되지 않은 사람들은 남을 칭찬한다는 것이 참 힘든 일인지도 모르겠습니다. 남을 질책하고 험담하는 것이 입에 배어서 남을 칭찬하는 것이 어색하고 입에서 잘 떨어지지 않을 수도 있습니다. 하지만 자꾸 남의 나쁜 점보다는 좋은 점을 보아야하고, 칭찬하는 버릇을 키워야 합니다. 물론 가식적인 칭찬이나 인위적인 칭찬은 오히려 독이 되겠지만 격려나 배려를 위한 칭찬은 상대뿐만 아니라, 자신에게 커다란 힘이 되는 것입니다. 긍정적인 마음이나 칭찬은 상대를 행복하고 힘 있게 만들지만 사실은 칭찬하는 자기 자신에게 더 큰 행복과 힘을 줍니다. 또한 그 칭찬이 죽어서 선업으로 쌓이는 경우도 있겠지요.

남을 칭찬하는 마음이 잘 안 되는 사람은 사람들에게 좋은 파장을 보내는 수행을 하는 것이 좋을 듯 싶습니다. 수행방법은 좋은 파장을 보내고 싶은 얼굴을 떠올리며 '건강하기를, 행복하기를, 평화롭기를……등'과 같은 좋은 메시지를 마음속으로 간절히 보내는 것입니다. 부모님, 아이들, 배우자 같은 가족도 좋고 친구, 친지, 더 나아가 가난한 이웃이나 세상 모든 사람들에게 이렇게 좋은 파장을 보내는 것입니다.

이 좋은 파장 보내기 수행은 상대와 자기 자신을 변화시킵니다. 부정적인 마음을 긍정적인 마음으로 바꾸는 힘이 생깁니다. 그리고 좋은 결과로 나타날 것입니다.

날 도날드 월쉬의 '신과 나눈 이야기'에 이런 내용이 있습니다.

나는 우주 전체에 걸쳐 자신의 신호를 전달하는 에너지를 만물 속에 심어놓았다. 사람, 동물, 식물, 바위, 나무, 즉 모든 물체들이 무선송신기처럼 에너지를 내보낸다. 너 역시 지금 이 순간에도 네 존재의 중심에서부터 사방팔방으로 에너지를 내보내고 -발산하고-있다.

너 자신인 이 에너지는, 물결모양을 이루며 밖으로 퍼져나간다. 그 에너지는 너를 남겨둔 채 벽을 뚫고 산을 넘고 달을 지나 '영원'속으로 들어간다. 그것은 어떤 일이 있어도 절대 멈추지 않는다. 네가 지금껏 가졌던 모든 생각들이 이 에너지를 물들인다. 네가 지금껏 뱉아낸 모든 말들이 그 에너지를 모양 짓고, 네가 지금껏 행한 모든 행동들이 그 에너지에 영향을 미친다. 네가 발산하는 에너지의 진동과 속도와 파장과 진동수는 네 생각과 기분과 감정과 말과 행동에 따라 계속해서 바뀌고 변한다.

'좋은 파장을 내보내라'는 속담을 들은 적이 있을 것이다. 그건 맞는 말이다. 아주 정확하다! 그리고 당연히 다른 사람들도 누구나 같은 일을 하고 있다. 그 때문에 너희들 사이의 '허공'인 에테르는 에너지로 채워져 있다. 그것은 너희가 상상할 수 있는 어떤 것보다 더 복잡한 융단 무늬를 그려내는 얽고 얽힌 개개 '진동들'의 '바탕' Metrix 이다. 이 직물이 너희가 살아가는 결합된 에너지 영역이다. 그것은 강력하여 너희를 비롯하여 모든 것에 영향을 미친다.

그것은 물체와 사건에 직접 충격을 주고, 영향을 미치며, 그것들을 창조할 수 있다. 너희의 대중심리학은 이 에너지를 바탕을 '집단의식'이라고 불러왔다.

그 모든 것이 의식의 결과다. 너희 개인들의 삶에서 일어나는 특정의 사건들과 조건들 역시 마찬가지고, 세상 전체가 항상 에너지를 교환하고 있다. 끊임없이 다른 모든 것과 다른 모든 사람과 상호작용한다. 그 에너지는 거리가 가까울수록 더 진해지고, 멀어질수록 더 옅어지지만, 그럼에도 너희가 어떤 것과 전혀 연결되지 않는 경우는 없다.

헤아릴 수 없이 많은 이 에너지들은 내가 설명했듯이 서로에게 이끌린다. 이것을 '끌어당김의 법칙'이라고 한다. 이 법칙에서 '비슷한 것끼리는 서로 끌어당긴다.' 비슷한 생각은 바탕을 따라서 비슷한 생각을 끌어당긴다.' 그리고 이 비슷한 에너지들이 충분히 많이 '떼를 이루면', 말하자면 그들의 진동이 무거워지면, 그것들은 서서히 속도를 늦추고 그 중 일부는 '물질'이 된다.

생각은 물질 형태를 창조해낸다. 그래서 많은 사람들이 같은 것은 생각할 때, 그들의 생각이 '현실'이 될 가능성은 훨씬 더 높아진다.

'신과 나눈 이야기' 책 내용을 그대로 옮기지 않고 제 나름 편집을 했지만 위 내용의 핵심은 좋은 파장 보내기는 좋은 결과로 나타난다는 의미로 보여 집니다. 물론 책 내용을 전적으로 믿는 것도 무리는 있지만 불교의 '인과응보'와 상통하는 내용이기 때문에 신뢰하는 마음으로 글을 읽는 것이 좋을 것 같습니다. 언제나 좋은 마음, 좋은 생각은 좋은 결과로 나타날 것이 분명합니다.

따라서 '좋은 파장 보내기' 수행은 시간이 날 때마다 하는 것이 좋을 것 같습니다. 이 수행을 통해서 부정적인 마음보다는 긍정적인 마음을, 긍정적인 마음보다는 무심의 세계를, 무심의 세계 보다는 자비로운 마음을 지닐 수 있도록 '좋은 파장 보내기' 수행을 계속해 나가야겠습니다.

밥은
먹어야 한다

무아를 수학적으로 표현하면 '0'입니다. 바로 나의 실체가 없기 때문입니다. 멀리 숲을 보면 한 덩어리로 보이지만 가까이 가면 나무가 각기 떨어져 있는 것과 같이 우리들도 멀리서 보면 '나'라는 실체가 연속적인 행위로 삶을 유지하는 것 같이 보이지만 가까이 가면 매 순간 다른 생각 다른 세포들로 채워져 살아가고 있습니다. 한마디로 우리는 실체가 없는 무아입니다.

이 무아를 확실하게 깨닫고 있으면 삶이 즐거워야 합니다. 수학에서 '0'에 모든 수를 곱해도 '0'이듯이 우리의 삶이 아무리 힘들고 고통스러워도 내가 존재하지 않는 '무아'를 철저하게 깨우쳤다면 고통을 고통으로 느끼지 않아야 합니다. 금강경에 이런 말이 나옵니다.

수보리야, 인욕바라밀은 인욕바라밀이 아니라 이름을 인욕바

라밀이라 한다고 여래가 말하였느니라. 왜 그러냐 하면 수보리
야, 내가 옛날에 가리왕에게 몸뚱이를 베이고 찢기었을 적에 내
가 그때에 아상, 인상, 중생상, 수자상이 없었나니, 어찌한 까닭
이냐 하면 내가 지난 날 마디마디 사지를 찢길 때에 만약 아상,
인상, 중생상, 수자상이 있었다면 마땅히 성내고 원망하는 마음
을 내었을 것이기 때문이니라.

　'무아'라는 말은 '나'라는 상이 없는 즉 '아상'이 없는 것을 말
합니다. 따라서 '무아'를 철저히 깨우쳤다면 금강경에 나오는 것
처럼 온몸이 베이고 찢겨도 성내고 원망하는 마음이 없어야 합
니다. 아무리 '나'를 베이고 찢겨도 그것은 '0'이고 허공이기 때
문에 성내고 원망할 필요가 없는 것입니다.
　그러나 현실은 우리가 아무리 '무아'를 깨닫고 있어도 삶이 그
렇게 편안하지가 않습니다. 그것은 무아를 머릿속으로만 알고
실제 생활에서 실천하지 않기 때문입니다.
　우리가 음식에 대해 아무리 설명을 해도 배가 부르지 않습니
다. 음식을 먹으면 칼로리가 어떻고, 영양분이 어떻고, 몸 어디
에 좋다고 백번 천 번을 이야기해도, 먹지 않으면 아무 소용이
없습니다. 차라리 영양분이나 칼로리에 대하여 몰라도 한 숟갈
떠먹는 것이 내 몸에 훨씬 더 유용합니다. '무아'에 대하여 몰라
도 '무아'를 하루 한순간 실천하는 것이 훨씬 더 내 정신건강에

유용합니다.

가령 나를 괴롭히는 상사나 나를 힘들게 하는 사람이 있다면 그리고 그런 순간이 온다면 '무아' 즉 '나 없음'을 실천하는 것입니다. 괴롭히는 말들이나 힘들게 하는 것들을 '나' 없기에 그냥 흘려보내는 것입니다. 없었던 말처럼 기억하지 않는 것입니다. 미워하는 사람이 자꾸 내 눈앞에 아른거려도 '나' 없기에 미워하는 마음을 내 마음속에 지워버리는 것입니다. 이것이 바로 무아의 실천입니다. 그리하여 그런 마음들이 한순간이 한 시간이 되고, 한 시간이 하루가 되고, 하루가 이틀이 되면서 차츰 내 마음이 편안해진다면 그것이 곧 '무아'의 실천이고, 아상이 사라지는 요인이 됩니다.

또한 '나 없음' 즉 무아는 나를 우월하다고 느끼게 하지 않습니다. 내가 없는데 남과 비교하며 우월을 느낀다는 것이 모순입니다. 상대방이 못났거나, 잘못되었다고 생각하지 않습니다. 내가 없는데 어떻게 상대방이 못났거나, 잘못되었다고 생각할 수가 있겠습니까? '무아'의 실천은 아상 뿐 만아니라, 인상, 중생상, 수자상까지 없애 줍니다.

따라서 음식에 대해 백번 천 번을 이야기 한 것보다 음식을 한 숟갈 먹는 것이 유용하듯이 무아에 대해 백 천 번을 알고 있어도 지금 여기에서 있는 그대로 무아가 되어 행동하는 것이 우리 삶을 유용하게 합니다. 물론 이론적으로도 알고 거기에 따라 행동

한다면 더욱 말할 나위가 없겠지요. 음식에 대해 잘 알고 그것대로 음식을 섭취하면 몸에 더욱 유용한 것처럼 우리가 무아에 대해 또는 불교의 마음공부에 대해 이해하고 깨달아 그것을 보살행으로 실천한다면 더 이상 무슨 말이 필요하겠습니까?

춘추시대 초기 제나라 환공이 대청마루에서 글을 읽고 있었을 때 그 누각 밑에서 윤편은 수레를 만들고 있었습니다. 그는 수레를 고치고 있다가 환공이 누각에서 글을 읽는 것을 보고 누각에 올라갔습니다.

"무슨 글을 읽고 있습니까?"

"옛날 성인의 말씀이니라."

"그러면 성인이 거기에 있습니까?"

"성인은 이미 떠났지만, 성인의 진리를 밝혀 놓은 글이 있느니라."

"그러면 공께서 읽고 있는 것은 옛사람들의 찌꺼기를 읽고 계시는군요?

이 말을 들은 환공은 무척 화가 났습니다.

"네가 감히 나에게 와서 그런 말을 하는데, 그렇게 말한 합당한 이유를 대지 못하면 너를 용서하지 않겠노라."

이 말에 윤편을 고개를 숙이고 말을 조심스레 꺼냈습니다.

"저의 관점에서 본다면 제가 바퀴를 만들 때 너무 헐겁게 만들면 떨어져 나가 버리고 너무 단단하면 아귀가 맞지 않습니다. 헐겁지도 단단하지도 않아야 제대로 된 것인데 이것을 말로 표현할 수가 없습니다. 나의 손바닥의 감각으로 그냥 알 뿐 입니다. 아들에게도 가르칠 수가 없습니다. 따라서 옛사람들은 정말로 아는 것은 모두 무덤으로 가져갔지요. 그러니 공께서 읽으시는 것은 모두 한낱 뒤에 남겨진 먼지일 뿐입니다.

이 말에 환공은 할 말을 잃었습니다.

백 마디의 경전을 읽는 것보다 오늘 하루 '무아'를 실천하는 것이 마음을 닦는데 훨씬 더 도움이 될 것입니다. 그리고 할 수만 있다면 마음자리를 깨쳐 일상이 보리인 경지에 이르러야 합니다. 그때는 수행 자체가 필요가 없을 것이기 때문입니다.

무아의 수행

　불교인이 가장 많이 읽고, 외우고 있는 경전은 반야심경 일 것입니다. 그런데 그 반야심경을 제대로 이해하고, 이해하는 정도를 넘어서 체득하고, 그 체득한 경지를 생활 속에서 매순간 그런 삶을 살고 있는 사람은 참 드문 것 같습니다. 반야심경의 핵심은 '오온개공(伍蘊皆空)'인데, 이 네 글자만이라도 제대로 체득하고 생활 속에서 반영하여 매순간 그런 삶을 살고 있는 사람도 드문 것 같습니다. 그렇게 드문 이유가 오온(伍蘊)이 공(空)하다는 사실을 이론적으로는 알고 있어도 확고하게 체득하여 생활 속에서 그것을 적용하며 살기에 세상은 참 녹녹치가 않다는 것입니다.

　견성(見性)은 했지만 성불(成佛)을 하기란 참으로 어렵다는 말입니다. 견성성불이란 오온(伍蘊) 즉, 색(色), 수(受) 상(相) 행(行) 식(識)이 모두 연기법에 의해서 공(空) 하다는 사실을 철저하게 깨달은 사람을 견성(見性)한 사람이라고 말 할 수 있고, 그 '오온개공(伍蘊皆空)'의 지혜로서 일상을 생활하는 사람이라면 성불(成佛)한 사람이라고 말 할 수 있습니다. 그 사람은 매 순간 자기의 마음을 보고 무심 또는 무아의 지혜로 모든 경계의 상황을 변환시켜 여여(如如)한 마음으로 살아가는 사람입니다.

깨달음이란 멀리 어떤 행태로 존재하는 것이 아니고 깨달음이란 지금 여기에서 생활 속에서 현재 진행형으로만 존재하기 때문에 무심(無心), 무아(無我)를 제대로 체득하고 생활 속에서 반영하여 매순간 그런 삶을 살고 있는 사람을 '견성성불(見性成佛)했다' 즉 '깨달은 사람'이라고 말하는 것입니다.

그러나 '무심의 지혜' 또는 '무아의 지혜' 생활을 쉽게 말을 했지만 무심이나 무아를 이해하고 체득할 수는 있어도 그것을 생활 속에서 실천하기는 참 어렵습니다. 살다보면 참으로 견디기 어려운 경계가 우리 삶에는 수도 없이 찾아오기 때문입니다. 억울하기도 하고, 화나기도 하고, 욕심이 생기기도 하고, 집착이 생기기도하고, 너무나 좋아서 정신이 없기도 하고……. 깊은 산중에서 혼자 살지 않고 세상 안에서 사람들과 더불어 살다보면 이런 경계는 하루에도 몇 번씩이나 찾아옵니다. 그런 경계를 불교적 용어로 표현하면 '마구니'이라고 말 하는데 '마구니'의 유혹이 보통 센 것이 아닙니다.

머릿속에서는 '무아(無我)'를 알고 있으면서도 경계에 부딪치면 꼭 나온 것이 바로 '나'입니다. 바로 아상(我相)입니다. 이 아상은 모든 마구니의 배후에서 존재하여 우리를 괴롭게 합니다. '나'만 없다면 그야말로 무아지경으로 살터인데 '나'가 장애가 됩니다. 우리가 잠을 자면서도 꿈 없이 깊은 잠을 자고 싶은 이유는 꿈속에서 조차도 무아지경이 되고 싶은 것입니다.

그런데 정작 우리는 '나'를 없애기가 정말 어렵습니다. 왜? 무엇 때문에 '나' 없애기가 그렇게 어려운 것일까요? 그것은 수 억 년을 살아온 근본 무명의 무거운 업장 때문입니다. 무거운 업장이란 이 육체의 나를 '진짜 나'라고 착각하고 살아온 업장입니다.

무명을 말할 때 흔히 하는 말로 뱀과 새끼줄 이야기를 많이 합니다. 밤에 혼자 길을 걷다가 뱀을 발견하고 깜짝 놀랐습니다. 그런데 가까이 가서 보니 그것은 뱀이 아니라 새끼줄이라는 것입니다. 바로 잘못 보고 놀랐다는 이야기로 '잘못 본다는 것' 바로 그것이 무명이란 말입니다. 우리들의 삶도 사실은 공(空)이고 무아인데 이것을 잘못보고, '내가 있다'고 생각하는 착각이 무거운 업장을 만드는 것입니다.

마음 하나를 돌려 '진짜 나' 즉 '참 자아'를 알게 되면 업장소멸과 모든 마구니를 없애는 무기를 얻게 되는 것입니다. 즉, 진여, 여여(如如), 여래(如來), 공(空), 무소유, 무아, 무심, 주인공, 참나 등으로 달리 표현된 것들을 만나게 되는데 이것을 견성이라 하며 이 견성이라는 무기를 이용하여 마구니들이 쳐들어오면 그것으로 마구니들을 없애버리는 것입니다. 그 없애는 것을 우리는 수행이라고 말 합니다. 수행이란 여러 가지 있겠지만 무아의 수행이란 매 순간 깨달음을 실천하는, 무아의 지혜를 실천하는 수행입니다.

경계가 찾아오는 순간 제 스스로에게 묻습니다.
'나는 누구인가?'
그리고 곧바로 해답을 찾습니다.
'나는 없습니다. 무아입니다'
왜냐하면 나는 연기로 존재하고 있으니까,
나의 실체가 없습니다.
'그 경계는 무엇인가'
'무아입니다.'
제법이 무아이고 실체가 없는 무상이고 무주입니다
'그런데 왜 탐진치에 물들어 괴로워하는가?'

스스로 묻고 묻다보면 진여의 자성으로 돌아가 '지금' '여기' '있는 그대로'를 깨닫게 되고 그러면 마음이 편안해집니다. 무아(無我)의 수행은 어찌보면 근본적으로 마음 챙김이 즉 위파사나와 같은 맥락입니다. 경계가 오는 즉시 그 경계를 알아차리고 스스로 '나는 누구인가?'를 물어서 그 경계를 퇴치하는 수행입니다. 처음에는 '경계가 오는지, 오지 않는지 잘 알 수가 없는데 신경을 써서 수행을 하면 할수록 작은 경계도 알아차리고 생활에서 무아(無我)가 되어 갑니다.

이 무아가 된다는 것은 말 그대로 무아지경이 되는 것입니다. 마음이 편안해지고 안심입명처의 즐거움을 생활 속에서 느낄 수 있도록 만들어 줍니다. 따라서 경계가 올 때마다 무아의 수행을 생활화 하여 마구니을 퇴치하고, 나아가 견성성불 할 수 있도록 수행의 습관이 필요한 것 같습니다.

나무 닭

　인생을 평안하게 걱정 없이 사는 사람들도 있겠지만 대부분의 사람들은 하나쯤의 화(禍)를 품고 살아갑니다. 부모 때문에, 자식 때문에, 배우자 때문에, 돈 때문에, 승진 때문에, 사랑 때문에……. 때로는 자신의 욕심 때문에, 때로는 주변의 사람들 때문에, 때로는 사회 정치적 이유 때문에……. 별의별 이유 때문에 마음의 상처가 생기고, 아픔이 생겨서 그로 인하여 우리는 크고 작은 상처를 안고 살아갑니다. 이런 상처들을 현대 용어로 스트레스라고 부르며 불교적으로는 삼독중의 진(瞋)이라고 부릅니다.

　이 진(瞋) 즉 화는 품고 있는 것은 자신에게도 좋지 않지만 때로 상대방에게 큰 상처를 주기도 합니다. 어떤 경계에 당했을 때 즉각적으로 화를 벌컥 내여 상대방에게 아픔과 상처를 주기도

하고, 화를 내 품지 않고 마음속에 가두어 두었다가 어떤 상황이 오면 마치 독사가 독을 쏘듯 타인에게 내뿜어 자신도 고통스럽게 하고, 남도 고통스럽게 하기도 합니다.

화는 화를 낼 당시는 모르지만 지나놓고 생각하면 반드시 후회하게 될 정도로 독성이 강한 마음입니다. 화를 내 놓고 '잘 했다'라고 스스로를 평가하는 경우는 드뭅니다. 대부분 사람들은 '아, 그때 내가 왜 그랬지? 조금만 참을 걸'하고 후회하는 경우가 대부분입니다. 그래서 사람들은 화를 내 품기 보다는 안으로 삭히거나 다른 곳에 투사하여 그 화를 지우려 합니다. 술을 마시거나, 친구를 만나 수다를 떨면서 마음속의 화를 떨치려고 노력합니다. 다행히 화가 크지 않아 잊어진다면 좋은 일이겠지만 그렇게 해도 풀리지 않은 화가 있다면 참으로 괴로운 일이 아닐 수 없습니다. 화를 내뿜지 않고 마음속으로 품고 있다가는 틱나칸 스님의 말씀처럼 마음속에 독을 품고 사는 것과 같이 그 또한 그 화가 병으로 변질되어 또 다른 화를 만들 수 있기 때문입니다. 그러고 보니 화는 뱉어서도 안 되고, 삼켜서도 안 되는 못된 마음입니다.

그러면 이런 화를 어떻게 할까요? 뱉어도 안 되고 삼켜서도 안 되는 것이 화라면 이것을 어떻게 해야 완전히 없애 버릴 수가 있을까? 우리는 그것에 대한 진지한 고민이 있어야 할 것 같습니다. 하지만 그것에 대한 정답은 없는 것 같습니다. 사람마다 삶의 방식이 다르고 사람마다 마음가짐이 다르기 때문입니다. 그렇지만 굳이 방법을 찾는다면, 화는 삭혀서 오래 두지 말고 바로 버려야 한다는 것입니다. 마치 쓰레기를 쓰레기통에 담아 놓았다가 버리듯 화나는 마음을 마음속에 잠시 담아두었다가 화가 삭아지면 곧바로 버려야 한다는 것이 바로 그것입니다. 다르게 말하면 화가 날 때 곧바로 뱉지 말고, 잠시 마음속에 화를 두고 있다가 화가 식은 듯 싶으면 곧바로 버리라는 것입니다.

그렇지만 그런 마음을 갖기에는 참 어려운 것 같습니다. 화를 잠시라도 참기위해서는 인내가 필요하며, 또한 화를 마음속에 담아두지 않기 위해서는 비워내는 마음이 필요한데, 인내나 비우는 마음을 내 마음대로 조절하기가 참 어렵다는데 문제가 있습니다. 내가 원하는 대로 내 마음이 움직여 주지 않기 때문입니다. 그래서 결국은 마음 수련이 필요하고, 수행이 필요할 수밖에 없는 것 같습니다.

수행의 방법은 위파사나 명상을 통해 그 화를 바라봄으로서 그 화의 위력을 떨어뜨리는 방법도 한 가지 방법일 수 있습니다. 하지만 그 보다는 화는 근본적인 치료를 해야 합니다. 그 근본적인 치료는 조금 어려운 이야기 같습니다만 우리의 본질을 체험함으로서 무심의 상태를 이루는 것입니다. 장자의 '외편'에 이런 이야기가 나옵니다.

닭싸움을 좋아하는 임금이 기승자에게 싸움을 잘하는 닭 한 마리를 맡겼습니다. 기승자는 싸움닭을 훈련시키는 일종의 조련사였습니다. 기승자는 임금의 부탁이라 열심히 임금이 맡긴 닭을 훈련시켰습니다. 그러던 어느 날 임금이 기승자를 불렀습니다.

"오늘은 닭싸움을 보고 싶은데 준비가 되었는가?"

그러자 기승자가 말했습니다.

"아닙니다. 아직 저놈이 자기의 힘만 믿고 교만을 부리고, 기운을 못 써서 상대만 나타나면 금방 달려들 기세이니 조금 더 기다려야 할 것 같습니다."

그 말을 들은 임금은 물러갔습니다. 그리고 며칠이 지나 다시 기승자를 찾았습니다.

"오늘은 어떤가?"

"아직도 안 되겠습니다. 저놈이 다른 닭의 울음소리만 들어도 깃을 세우고, 기운이 넘쳐 싸울 기세가 등등하니 아직 멀었습니다."

또다시 얼마간 세월이 흘러 임금이 기승자를 찾았습니다.

"오늘은 또 어떤가? 싸움을 볼 수 있겠나?"

이 물음에 기승자가 자신있게 대답했습니다.

"네. 지금은 싸움을 붙혀도 될 것 같습니다. 다른 닭들이 깃을 세우고 기세를 부려도 이 닭은 전혀 동요가 없고, 싸우겠다는 승부욕이 전혀 없습니다."

"그러면 무슨 싸움을 하겠다는 거냐?"

"천하의 닭들이 몰려온다 해도 이 닭은 어찌 할 수 없습니다. 이 닭은 이미 나무 닭이 되었습니다."

한마다로 무심한 경지를 이루었다는 것입니다. 이 무심을 다른 말로 일심이라고 부르며 우리의 본래의 마음을 나타냅니다. 이 마음은 우리가 원래부터 있었던 마음입니다.

텅 빈 허공과 같은 이 본래의 마음을 우리는 찾아야 합니다. 그래서 생멸하는 가짜의 마음 즉 화내는 마음을 보며 나무 닭처럼 조소하듯 싱겁게 웃어 주어야 합니다. 화내는 마음도 결국 보리임을 확실히 알아야 합니다. 그럴 때 진정으로 화에서 풀려나올 수 있습니다.

세상은 좁고,
할일은 없다

수년전에 붕괴된 대우그룹 김우중 회장께서 이런 말을 했습니다.

"세상은 넓고, 할일은 많다."

우물 안의 개구리 같은 삶을 살지 말고, 넓은 눈으로 세상을 바라보고 행동하라는 그런 뜻으로 이 말을 했을 것입니다. 정말 그는 짧은 시간에 많은 일을 한꺼번에 추진하였습니다. 전기전자, 건설, 자동차 등등 굵직굵직한 일을 '세상은 좁고 할일이 많은 사람처럼 벌렸고, 가난한 우리나라 경제를 어느 정도의 레벨에 이르게 했던 분입니다. 하지만 너무나 많이 할 일을 벌었던 것일까. 결국 그 많던 회사는 공중분해 되고 부도로 이어져 그는 불명예스런 퇴진하였습니다.

하지만 회장님의 개인적인 사생활은 그렇게 실패하였다 하더라도, 그가 남긴 '세상은 좁고 할 일은 많다'라는 말은 젊은이들에게 꿈을 주기에 필요한 말임에는 틀림없습니다. 젊은이들에게 꿈과 야망을 심어주고자 했던 말이기 때문입니다.

그러나 불교를 사랑하는 한 사람으로 개인적 관점에서 인생을 보면, 세상은 좁고, 할일은 참 없습니다. 인간들이 살아가는 이 지구라는 곳이 이 엄청난 우주에 비하면 티끌에 불과하고, 삶 그 자체도 생노병사 외에 아무것도 없이 느껴지기 때문입니다. 인간들은 수없이 다른 인격체를 가지고 있고, 사는 장소도 각기 다른 곳에서 살고 있다고 하지만, 조금만 인간 세계를 들여다보면 사는 것이 모두다 거기서 거기입니다. 사는 장소도 부자와 가난한 자가 다를 것 같고, 하는 스케일도 다를 것 같은데 막상 인간세상을 들여다보면 다람쥐 쳇바퀴 돌듯이 사는 것이 인생입니다.

아침에 눈떠서 직장이나 학교에 나가고 퇴근해서 돌아오는 곳은 집입니다. 설령 가끔은 출장도 가고, 여행도 가겠지만 떠돌이가 아닌 이상 결국 돌아올 곳은 집이고 한 두 평짜리 침대에서 또 자야 하는 게 인생입니다. 아무리 큰집 호화주택에 살아봐도 잠자는 평수는 한 두 평이면 끝입니다. 먹고 마시는 것도 몇 조의 돈을 가졌다고 해서 다를 것은 하나도 없습니다. 물론 돈 많은 재벌들과 평범한 사람들이 먹고 마시는 것이 조금 다를 수 있지만 그 속을 들여다보면 오십보 백보입니다. 왜냐하면 아무리 재벌이라고 해도 먹고 마시는 위는 한계가 있기 때문입니다. 재벌이라고 5끼 6끼 먹는 것도 아니고 매일 고기반찬만 먹을 수도 없습니다. 돈 때문이 아니라 제한된 우리들의 몸의 구조 때문에 그렇습니다.

사람들은 가끔 남들은 나와는 다를 것이라고 생각을 하면서 삽니다. 사는 것도 다르고 나와는 다른 것을 먹고, 집에 들어가면 나와는 다른 삶이 있을 것이라는 생각으로 다른 사람들의 삶에 대해 궁금해 합니다. 그래서 관음증 환자가 생기고, 남의 떡이 항상 커 보이고, 항상 남이 나를 어떻게 볼까 신경이 쓰입니다. 그러나 알고 보면 사람은 다소 미세한 차이는 있지만 그게 그것입니다. 먹고, 싸고, 입고, 보고, 듣고…… 그 외 별 특별한 것이 없습니다.

그래서 넓은 눈으로 보면 정말 '세상은 좁고 할일은 없습니다.' 사는 게 그게 그것인데 조금 잘 먹고 조금 잘 입는다고 뭐가 달라지겠습니까? 본질은 누구나 같은 평등의 세상입니다. 몇 백만원 짜리 명품가방도 몇 만원하는 가방과 그 구조는 똑같습니다. 단지 명품가방을 들었다하는 자기 과시 일뿐이지, 명품가방을 전혀 알지 못하는 사람에게는 아니 명품 따위에 아무런 관심이 없는 사람에게는 가방은 그냥 가방일 뿐입니다.

불자들이 수행하는 목적은 이와 같아야 합니다. 황금이 그냥 돌처럼 ,명품가방이 그냥 가방일 뿐인 것처럼, 생사가 그저 처음부터 태어남이 없는 본질의 한 응현처럼 보아야 합니다. 그런 입장에서 보면 세상은 좁고 할 일은 없습니다. 그저 여여할 뿐입니다. 인생을 어린아이처럼 즐기는 마음만 있을 뿐입니다.

"세상은 좁고, 할일은 참 없습니다."

그런데 '세상은 좁고 할일은 없습니다.'라는 이 말은 수행자나 마음공부를 하는 사람에게 해당되는 말이지 일반인이나 어린 학생들에게 해당하는 말은 아닙니다. 이 말을 잘못 오해하고, 또 잘못 알아듣는 다면 듣는 이에 따라 우울증에도 걸릴 수가 있습니다. 세상에 살아봐야 별 볼이 없는 시시한 것이 인생이라니……. 특히 한창 피어야할 학생들에게 이런 말은 크기도 전에 싹을 잘라버리는 것처럼 인생의 의욕을 꺾어 버리는 일이 될지도 모릅니다. '세상은 좁고 할일은 없습니다.'라는 이 말은 본질을 깨닫기 위해 수행하는 수행자에게 또는 마음공부를 하는 불자에게 하는 말입니다. 수행자 뿐 만아니라 일반인이나 중생들이라 할지라도 너무나 물질에 집착하여 그것을 쫓기 위해 일생을 허비하는 사람에게도 필요한 말입니다. 물질이 주는 행복은 한계가 있기 때문입니다.

"세상은 넓고, 할일은 많다."

이 말을 물질세계의 행복을 쫓지 않고 정신세계의 행복으로 돌린다면 우리가 해야 할일은 많습니다. 수행도 해야 하고, 보시도 해야 하고, 이타행도 해야 하고……. 해야 할 정신세계는 무한 그 자체입니다. 우리가 업에서 벗어난 윤회의 삶을 끊고자 한다면 '세상은 좁고 할 일은 없다'와 같은 여여한 삶으로 살아야 하겠지만 그것이 안 된다면 보시나 이타행 같은 정신세계를 추구하는 삶도 괜찮을 것 같습니다.

어떤 스님이 조주에게 물었습니다.
"깨달은 사람은 어떻게 하는 것입니까?"
"그야말로 아주 대 수행을 하지."
이에 그 스님이 다시 조주에게 물었습니다.
"어떤 것이 대 수행입니까?"
이에 조주는 간단하게 말했습니다.
"옷을 입거나 밥을 먹거나 한다."

옷 입고, 밥 먹고, 세수하고, 일하고, 잠자는 것이 도입니다.